Vocabulary LIVE

1
Advanced

Components & Features

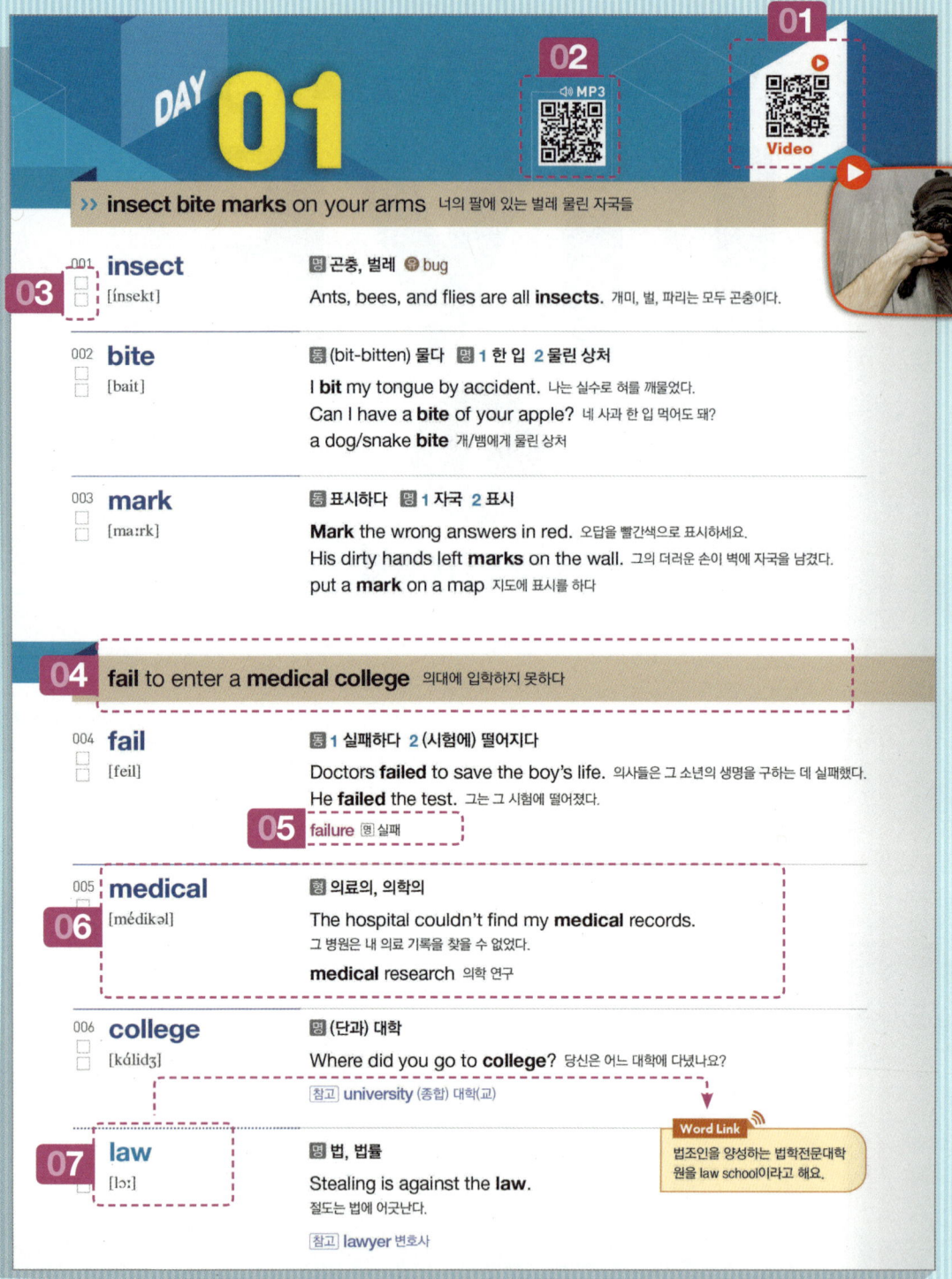

DAY 01

01 (QR Video)
02 (QR MP3)

>> **insect bite marks** on your arms 너의 팔에 있는 벌레 물린 자국들

03

001 **insect**
[ínsekt]
명 곤충, 벌레 ⊕ bug
Ants, bees, and flies are all **insects**. 개미, 벌, 파리는 모두 곤충이다.

002 **bite**
[bait]
동 (bit-bitten) 물다   명 1 한 입 2 물린 상처
I **bit** my tongue by accident. 나는 실수로 혀를 깨물었다.
Can I have a **bite** of your apple? 네 사과 한 입 먹어도 돼?
a dog/snake **bite** 개/뱀에게 물린 상처

003 **mark**
[ma:rk]
동 표시하다 명 1 자국 2 표시
Mark the wrong answers in red. 오답을 빨간색으로 표시하세요.
His dirty hands left **marks** on the wall. 그의 더러운 손이 벽에 자국을 남겼다.
put a **mark** on a map 지도에 표시를 하다

04 **fail** to enter a **medical college** 의대에 입학하지 못하다

004 **fail**
[feil]
동 1 실패하다 2 (시험에) 떨어지다
Doctors **failed** to save the boy's life. 의사들은 그 소년의 생명을 구하는 데 실패했다.
He **failed** the test. 그는 그 시험에 떨어졌다.
05 **failure** 명 실패

005 **medical**
[médikəl]
06
형 의료의, 의학의
The hospital couldn't find my **medical** records.
그 병원은 내 의료 기록을 찾을 수 없었다.
medical research 의학 연구

006 **college**
[kálidʒ]
명 (단과) 대학
Where did you go to **college**? 당신은 어느 대학에 다녔나요?
참고 **university** (종합) 대학(교)

07 **law**
[lɔ:]
명 법, 법률
Stealing is against the **law**.
절도는 법에 어긋난다.
참고 **lawyer** 변호사

Word Link
법조인을 양성하는 법학전문대학원을 law school이라고 해요.

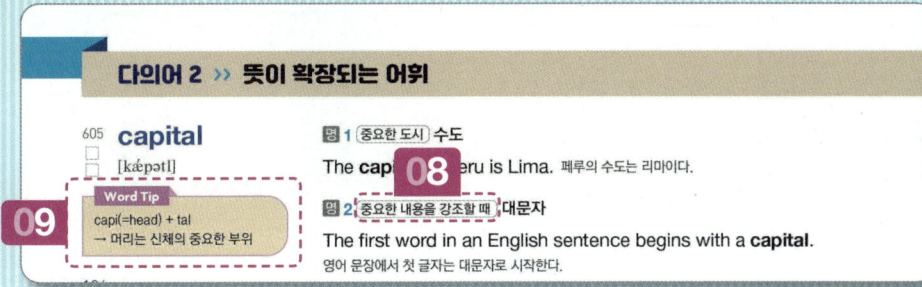

- 01 영상으로 덩어리 표현과 주제어를 다시 한번 학습하는 **Video**
- 02 QR코드를 이용하여 학습할 단어의 발음 청취
- 03 암기 횟수를 표시할 수 있는 2회독 체크박스
- 04 3~5개의 단어들을 패턴으로 묶어 한번에 익히는 덩어리 표현
- 05 단어의 주요 파생어 수록
- 06 하루 24개 단어: 단어, 뜻, 예문, 유의어, 반의어, 참고 어휘 등 다양한 정보 수록
- 07 형태나 의미적으로 서로 연관된 단어를 함께 학습하는 **Word Link**
- 08 핵심 뜻만 알면 저절로 외워지는 다의어 암기 TIP 제공
- 09 어원을 비롯한 단어 암기에 도움을 주는 **Word Tip**
- 10 어원, 유래를 통해 의미를 유추하고 이해하는 관용표현 학습

교재에 사용된 기호

명 명사	부 부사	동 동의어	(-s) 복수형	[ ] 대체 가능 어구
대 대명사	접 접속사	유 유의어	(the ~) 단어 앞에 the가 함께 쓰임	( ) 생략 가능 어구, 보충 설명
동 동사	전 전치사	반 반의어	to-v to 부정사	(( )) 함께 쓰이는 전치사
형 형용사	감 감탄사		v-ing 동명사	

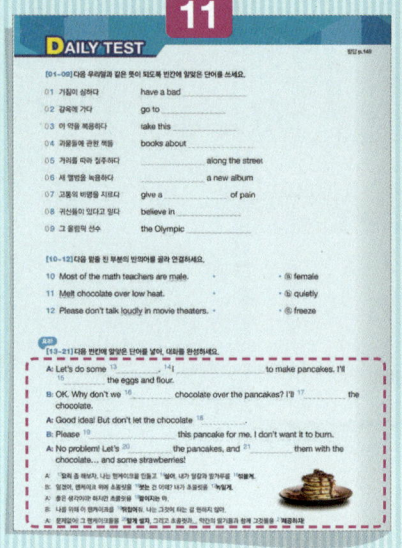
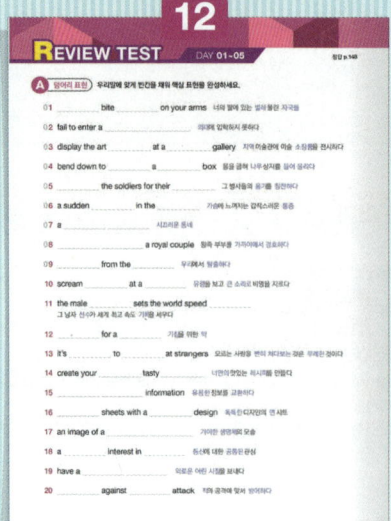
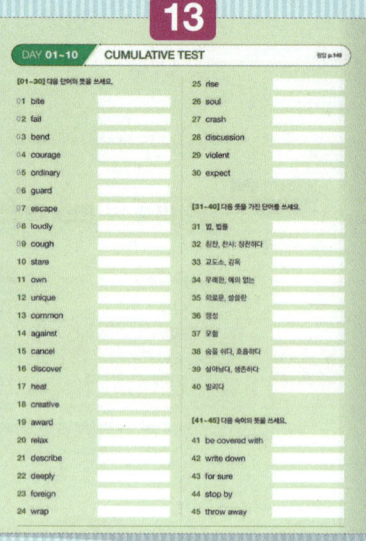

11 매일 암기한 어휘를 점검하고, 스토리로 주제별 어휘를 복습할 수 있는 **Daily Test**

12 5일간 학습한 단어 및 숙어를 점검하는 **Review Test**

13 10일간 학습한 단어 및 숙어를 점검하는 **Cumulative Test**

14 헷갈리기 쉬운 미국 영어와 영국 영어의 여러 가지 차이점 파악

★ 언어 대신 자주 사용되는 외국 현지의 여러 손동작들과 그 의미 알아보기

단어 암기를 돕는 온라인/오프라인 자료

복습용 워크북 (별책) | 3가지 버전의 무료 MP3 파일 | 다양한 부가 자료

How to Study

Vocabulary LIVE 학습 TIP

1. 덩어리 표현으로 외우자!
자주 쓰이는 문형 속에 단어들을 심어서 말뭉치로 외우면 독해와 듣기 속도가 빨라져요.

2. 주제별로 외우자!
연관성이 높은 단어들끼리 묶어 학습함으로써 암기의 효율을 높일 수 있어요.

3. 다양한 뜻을 익히자!
다양한 뜻을 가진 다의어들은 핵심적인 뜻 하나로 다른 여러 가지 뜻을 유추할 수 있어요.

4. 유의어와 반의어를 익히자!
해당 어휘와 비슷한 말 또는 반대말을 함께 학습함으로써 어휘력을 확장할 수 있어요.

6주 완성 Study Plan

DAY별로 학습 여부를 체크하거나 학습 날짜를 적어 넣어 보세요.

	1일차	2일차	3일차	4일차	5일차	6일차	7일차
Week 1 어휘 학습	DAY 01	DAY 02	DAY 03	DAY 04	DAY 05	DAY 01~05 복습	
Week 2 어휘 학습	DAY 06	DAY 07	DAY 08	DAY 09	DAY 10	DAY 06~10 복습	
Week 3 어휘 학습	DAY 11	DAY 12	DAY 13	DAY 14	DAY 15	DAY 11~15 복습	
Week 4 어휘 학습	DAY 16	DAY 17	DAY 18	DAY 19	DAY 20	DAY 16~20 복습	
Week 5 어휘 학습	DAY 21	DAY 22	DAY 23	DAY 24	DAY 25	DAY 21~25 복습	
Week 6 어휘 학습	DAY 26	DAY 27	DAY 28	DAY 29	DAY 30	DAY 26~30 복습	

Contents

Part 1 고급 핵심 어휘

DAY 01	008
DAY 02	012
DAY 03	016
DAY 04	020
DAY 05	024
REVIEW TEST DAY 01~05	028
DAY 06	030
DAY 07	034
DAY 08	038
DAY 09	042
DAY 10	046
REVIEW TEST DAY 06~10	050
CUMULATIVE TEST DAY 01~10	052
Know More	053
DAY 11	054
DAY 12	058
DAY 13	062
DAY 14	066
DAY 15	070
REVIEW TEST DAY 11~15	074

DAY 16	076
DAY 17	080
DAY 18	084
DAY 19	088
DAY 20	092
REVIEW TEST DAY 16~20	096
CUMULATIVE TEST DAY 11~20	098
Know More	099
DAY 21	100
DAY 22	104
DAY 23	108
DAY 24	112
DAY 25	116
REVIEW TEST DAY 21~25	120
영어 이야기	122

Part 2 다양한 유형의 어휘

DAY 26~27 다의어	124
DAY 28 합성어	132
DAY 29~30 관용표현	136
REVIEW TEST DAY 26~30	144
CUMULATIVE TEST DAY 21~30	146
Know More	147
Answer Key	148
Index	154

Part 1

DAY 01~25

고급 핵심 어휘

DAY 01

>> **insect bite marks** on your arms 너의 팔에 있는 벌레 물린 자국들

001 insect
[ínsekt]
명 곤충, 벌레 ⊕ bug
Ants, bees, and flies are all **insects**. 개미, 벌, 파리는 모두 곤충이다.

002 bite
[bait]
동 (bit-bitten) 물다 명 1 한 입 2 물린 상처
I **bit** my tongue by accident. 나는 실수로 혀를 깨물었다.
Can I have a **bite** of your apple? 네 사과 한 입 먹어도 돼?
a dog/snake **bite** 개/뱀에게 물린 상처

003 mark
[ma:rk]
동 표시하다 명 1 자국 2 표시
Mark the wrong answers in red. 오답을 빨간색으로 표시하세요.
His dirty hands left **marks** on the wall. 그의 더러운 손이 벽에 자국을 남겼다.
put a **mark** on a map 지도에 표시를 하다

>> **fail** to enter a **medical college** 의대에 입학하지 못하다

004 fail
[feil]
동 1 실패하다 2 (시험에) 떨어지다
Doctors **failed** to save the boy's life. 의사들은 그 소년의 생명을 구하는 데 실패했다.
He **failed** the test. 그는 그 시험에 떨어졌다.
failure 명 실패

005 medical
[médikəl]
형 의료의, 의학의
The hospital couldn't find my **medical** records.
그 병원은 내 의료 기록을 찾을 수 없었다.
medical research 의학 연구

006 college
[kálidʒ]
명 (단과) 대학
Where did you go to **college**? 당신은 어느 대학에 다녔나요?
참고 university (종합) 대학(교)

007 law
[lɔ:]
명 법, 법률
Stealing is against the **law**.
절도는 법에 어긋난다.
참고 lawyer 변호사

Word Link
법조인을 양성하는 법학전문대학원을 law school이라고 해요.

▶▶ **display** the art **collection** at a **local gallery** 지역 미술관에 미술 소장품을 전시하다

008 display
[displéi]

동 전시하다, 진열하다 ⊕ exhibit 명 전시, 진열 ⊕ exhibition
Display your family photos on the wall. 당신의 가족 사진을 벽에 전시하라.
a window **display** 진열장[쇼윈도]의 상품 진열

009 collection
[kəlékʃən]

명 수집품, 소장품
He has a large **collection** of CDs. 그는 많은 시디를 소장하고 있다.
collect 동 모으다, 수집하다

010 collect
[kəlékt]

동 모으다, 수집하다
The company **collects** information about their customers.
그 회사는 고객에 대한 정보를 모은다.
collect stamps/postcards 우표/엽서를 수집하다
collection 명 수집품, 소장품

> **Word Link**
> collect(수집하다) + 명사형 접미사 -ion(행위, 성질, 상태) → collection(수집품)

011 local
[lóukəl]

형 (특정) 지역의, 현지의
I always try the **local** food when I travel. 나는 여행할 때 항상 현지 음식을 먹어 본다.

012 gallery
[gǽləri]

명 미술관, 화랑
The children visited the national **gallery** on a school trip.
그 아이들은 학교 소풍으로 국립 미술관을 방문했다.

▶▶ **bend** down to **lift** a **wooden** box 몸을 굽혀 나무 상자를 들어 올리다

013 bend
[bend]

동 (bent-bent) 1 (몸의 일부를) 굽히다 2 구부리다
I hurt my arm, and now I can't **bend** it. 나는 팔을 다쳐서, 지금 팔을 굽힐 수가 없다.
bend a wire into a circle 철사를 구부려 원을 만들다

014 lift
[lift]

동 (들어)올리다 ⊕ raise
He **lifted** the lid of the box and looked inside.
그는 그 상자의 뚜껑을 들어올려 안을 들여다보았다.

015 wooden
[wúdn]

형 나무로 된, 목재의
We ate at a long **wooden** table. 우리는 긴 나무 식탁에서 밥을 먹었다.
wood 명 나무, 목재; (-s) 숲

주제: 가사활동

016 grocery [gróusəri]
명 (-ies) 식료품
She bought fruit at the **grocery** store. 그녀는 식료품점에서 과일을 샀다.
shop for **groceries** 장을 보다

017 garbage [gáːrbidʒ]
명 쓰레기 ⊕ trash
I take out the **garbage** twice a week. 나는 일주일에 두 번 쓰레기를 내다 버린다.

018 yard [jaːrd]
명 마당, 뜰
She planted some flowers in the **yard**.
그녀는 마당에 약간의 꽃을 심었다.

019 chore [tʃɔːr]
명 1 허드렛일, 잡일 2 하기 싫은[따분한] 일
I stayed at home and did the **chores**. 나는 집에 머물면서 집안일을 했다.
Washing the dishes is a real **chore**. 설거지는 정말 따분한 일이다.

020 garage [gərɑ́ːdʒ]
명 차고
I have to clean up the **garage**.
나는 차고를 청소해야 한다.
Put the car in the **garage**. 차를 차고에 둬라.

021 supper [sʌ́pər]
명 저녁 (식사) ⊕ dinner
He is making pasta for **supper** tonight.
그는 오늘 밤 저녁 식사로 파스타를 만들고 있다.

022 feed [fiːd]
동 (fed-fed) 먹이를 주다; 밥을 먹이다
I **feed** my dog three times a day. 나는 하루 세 번 나의 개에게 먹이를 준다.
feed a baby 아기에게 밥을 먹이다[젖을 주다]

023 set up
세우다, 설치하다
My father **set up** a fence around the garden.
나의 아버지는 정원 주변에 울타리를 세웠다.

024 be covered with
~로 덮여 있다
The desk **is covered with** dust. 그 책상은 먼지로 덮여 있다.

DAILY TEST

정답 p.148

[01~08] 다음 우리말과 같은 뜻이 되도록 빈칸에 알맞은 단어를 쓰세요.

01 지도에 표시를 하다   put a _____ on a map
02 긴 나무 식탁   a long _____ table
03 철사를 구부려 원을 만들다   _____ a wire into a circle
04 진열장[쇼윈도]의 상품 진열 a window _____
05 우표를 수집하다   _____ stamps
06 국립 미술관   the national _____
07 뱀에게 물린 상처   a snake _____
08 그 시험에 떨어지다   _____ the test

[09~12] 다음 밑줄 친 부분과 바꿔 쓸 수 있는 알맞은 표현을 골라 연결하세요.

09 I take out the <u>garbage</u> twice a week.   •   • ⓐ raised
10 He's making pasta for <u>supper</u> tonight.   •   • ⓑ bugs
11 Ants, bees, and flies are all <u>insects</u>.   •   • ⓒ dinner
12 He <u>lifted</u> the lid of the box and looked inside. •   • ⓓ trash

가사활동

[13~21] 다음 빈칸에 알맞은 단어를 넣어, 이야기를 완성하세요.

"Don't forget your 13_____, Timmy," says Mom. "Here's a shopping list. Please 14_____ the dog, then ride to the 15_____ store and buy these things for 16_____." Timmy walks through the 17_____ to get his bike. "Dad," he says, "what's happening? The 18_____ floor is 19_____ 20_____!" "This isn't garbage," says Dad. "I'm 21_____ _____ my new invention!" "Cool," says Timmy. "Supper can wait!"

"티미야, 너의 13**잡일들**을 잊지 마라"라고 엄마가 말한다. "여기 쇼핑 목록이 있어. 개에게 14**먹이 주고나서**, 자전거 타고 15**식료품점**에서 16**저녁 식사**를 위한 이 물건들을 사오렴." 티미는 자전거를 가지러 17**마당**을 통과해 걸어간다. "아빠"라고 티미가 말한다. "무슨 일이에요? 18**차고** 바닥이 20**쓰레기**로 19**덮여 있어요!** "이건 쓰레기가 아니야"라고 아빠가 말한다. "나는 새로운 발명품을 21**설치하고** 있는 중이야!" "멋져요"라고 티미가 말한다. "저녁은 급하지 않아요!"

DAY 01 • 011

DAY 02

›› praise the soldiers for their courage 그 병사들의 용기를 칭찬하다

025 praise [preiz]
명 칭찬, 찬사   동 칭찬하다
His book won high **praise** from readers.
그의 책은 독자들로부터 많은 찬사를 받았다.
It's important to **praise** children. 아이들을 칭찬하는 것은 중요하다.

026 soldier [sóuldʒər]
명 군인, 병사
The **soldiers** were trained and ready to fight.
그 군인들은 훈련을 받았고 싸울 준비가 되었다.

027 courage [kə́:ridʒ]
명 용기
I don't have **courage** to tell her the truth. 나는 그녀에게 진실을 말할 용기가 없다.

›› a sudden pain in the chest/stomach 가슴에/위에 느껴지는 갑작스러운 통증

028 sudden [sʌ́dn]
형 갑작스러운
There was a **sudden** change in the weather. 갑작스러운 날씨의 변화가 있었다.
suddenly 부 갑자기

029 pain [pein]
명 고통, 통증
A broken leg causes a lot of **pain**. 부러진 다리는 엄청난 고통을 유발한다.
be in **pain** 아파하다[괴로워하다]
painful 형 아픈[고통스러운]

030 chest [tʃest]
명 가슴, 흉부
He folded his arms across his **chest**.
그는 가슴 앞으로 팔짱을 꼈다.
a **chest** X-ray 흉부 엑스레이 사진

031 stomach [stʌ́mək]
명 위, 복부, 배
My **stomach** hurts – I can't eat anything.
배가 아파서 나는 아무것도 먹을 수 없어.
참고 **stomachache** 복통

» a(n) noisy/ordinary neighborhood 시끄러운/평범한 동네

032 noisy [nɔ́izi]
- 형 시끄러운, 떠들썩한 ↔ quiet
- The place was full of **noisy** teenagers. 그 장소는 시끄러운 10대로 가득했다.
- **noise** 명 (시끄러운) 소리, 소음

033 ordinary [ɔ́ːrdənèri]
- 형 보통의, 평범한 ≒ normal, usual
- The book is about **ordinary** people. 그 책은 보통 사람들에 관한 것이다.

034 neighborhood [néibərhùd]
- 명 1 지역, 동네 2 근처, 인근
- We grew up in the same **neighborhood**. 우리는 같은 동네에서 자랐다.
- live in the **neighborhood** of an airport 공항 근처에 살다

035 neighbor [néibər]
- 명 이웃(사람)
- I'm really close to my next-door **neighbors**. 나는 옆집 사람들과 정말 친하다.

> **Word Link**
> neighborhood는 '동네', '인근 장소'를 뜻하는 반면, neighbor는 '이웃사람'을 뜻해요.

» closely guard a royal couple 왕족 부부를 가까이에서 경호하다

036 closely [klóusli]
- 부 1 면밀히, 자세히 2 가까이; 밀접하게
- He watched everyone very **closely**. 그는 모든 사람들을 자세히 지켜보았다.
- be **closely** connected 밀접하게 관련되어 있다

037 guard [gaːrd]
- 명 경비[경호]원 동 지키다, 경호하다
- There are **guards** around the president's house. 대통령 집 주변에 경비원들이 있다.
- **guard** an entrance 입구를 지키다

038 royal [rɔ́iəl]
- 형 국왕의, 왕실의
- The **royal** wedding was shown on TV. 그 왕실 결혼식이 TV로 중계되었다.
- the **royal** family 왕실, 왕족

039 couple [kʌ́pl]
- 명 1 두 사람[개] 2 부부, 커플
- I ate a **couple** of cookies. 나는 쿠키 두어 개를 먹었다.
- a newly-married **couple** 신혼 부부
- **Plus+** · a couple of 두어 명[개]의

주제 ▶ 취미와 스포츠

040 cheer [tʃiər]
동 환호하다; 응원하다 명 환호(성)
Fans **cheered** when the team scored a goal.
그 팀이 골을 넣자 팬들은 환호했다.
give three **cheers** for the team 그 팀을 위해 만세 삼창을 하다

041 dive [daiv]
동 (물속으로) 뛰어들다; 잠수하다 명 다이빙
We **dived** into the pool. 우리는 수영장에 뛰어들었다.
do a perfect **dive** 완벽한 다이빙을 하다

042 fair [fɛər]
형 1 공정한, 공평한 (반) unfair 2 합리적인, 적당한 (반) unfair
Let's play the game in a **fair** way. 공정한 방식으로 게임을 하자.
buy a ticket at a **fair** price 적당한 가격에 표를 사다

043 coach [koutʃ]
명 (스포츠 팀의) 코치 동 코치하다, 지도하다
John became the men's basketball **coach**. 존은 남자 농구팀 코치가 되었다.
coach young soccer players 어린 축구 선수들을 지도하다

044 final [fáinl]
형 마지막의, 최종적인 명 결승(전)
The other team scored in the **final** minutes.
상대 팀이 마지막 몇 분 사이에 골을 넣었다.
the **final** results of a game 게임의 최종 결과
reach the **final** 결승전에 진출하다
finally 부 마침내, 드디어, 결국

045 rival [ráivəl]
명 경쟁자, 경쟁 상대
He beat his main **rival** by 20 points. 그는 20점 차로 자신의 주요 경쟁자를 이겼다.
have no **rivals** 경쟁 상대가 없다

046 net [net]
명 1 그물, 망 2 (축구·테니스 등의) 네트
He caught a fish in the **net**. 그는 그물로 물고기를 잡았다.
The player hit the ball over a **net**. 그 선수는 네트 위로 공을 쳤다.

047 take turns
교대로 하다
They **took turns** throwing a ball. 그들은 교대로 공을 던졌다.

048 give it a try
시도하다, 한번 해보다
I've never played golf, but I'll **give it a try**. 나는 골프를 쳐본 적 없지만, 한번 해볼게.

DAILY TEST

정답 p.148

[01~12] 영어는 우리말로, 우리말은 영어로 쓰세요.

01 closely _____
02 guard _____
03 neighborhood _____
04 couple _____
05 rival _____
06 chest _____

07 군인, 병사 _____
08 용기 _____
09 위, 복부, 배 _____
10 보통의, 평범한 _____
11 국왕의, 왕실의 _____
12 이웃(사람) _____

[13~16] 다음 괄호 안에서 알맞은 말을 고르세요.

13 There was a (sudden / suddenly) change in the weather.

14 The place was full of (noise / noisy) teenagers.

15 A broken leg causes a lot of (painful / pain).

16 The other team scored in the (final / finally) minutes.

취미와 스포츠

[17~24] 다음 빈칸에 알맞은 단어를 넣어, 이야기를 완성하세요.

I practice water polo every week. Last month, my friend Jenny came along to 17_____ _____ a _____. We 18_____ in and 19_____ _____ throwing the ball in the 20_____. Jenny loved it! Our 21_____ said we were very good. On Tuesday we played in a match. Our 22_____ were better than us. They scored the first five goals. Then Jenny scored. We 23_____, but her goal wasn't allowed. That wasn't 24_____!

나는 매주 수구를 연습한다. 지난 달에 내 친구 제니는 17**한번 해 보려**고 같이 왔다. 우리는 안으로 18**다이빙해서** 19**교대로** 공을 20**네트** 안으로 던졌다. 제니는 그것을 좋아했다! 우리 21**코치님**은 우리가 아주 잘했다고 말씀하셨다. 화요일에 우리는 경기를 했다. 우리의 22**경쟁자들**이 우리보다 더 잘했다. 그들은 처음 다섯 골을 득점했다. 그리고 나서 제니가 득점했다. 우리는 23**환호했**지만, 그녀의 골은 득점으로 인정되지 않았다. 그건 24**공평하**지 않았다!

DAY 02 • 015

DAY 03

>> **escape** from the **prison/cage** 감옥에서/우리에서 탈출하다

049 escape [iskéip]
동 탈출하다; 빠져나오다 ((from))
A lion **escaped** from the zoo this morning.
오늘 아침 사자 한 마리가 동물원을 탈출했다.
They **escaped** from a burning building. 그들은 불타는 건물에서 빠져나왔다.

050 prison [prízn]
명 교도소, 감옥 유 jail
He was sent to **prison** for stealing. 그는 절도로 감옥에 보내졌다.
go to **prison** 감옥에 가다
prisoner 명 죄수, 재소자

051 cage [keidʒ]
명 새장; (짐승의) 우리
The bird lives in a **cage**. 그 새는 새장에서 산다.
keep a hamster in a small **cage**
햄스터를 작은 우리에 넣어두다

>> **scream loudly** at a **ghost/monster** 유령을/괴물을 보고 큰 소리로 비명을 지르다

052 scream [skri:m]
동 비명을 지르다; 소리치다 명 비명
The kids **screamed** in fear. 그 아이들은 두려움에 비명을 질렀다.
She **screamed** for help. 그녀는 도와 달라고 소리쳤다.
give a **scream** of pain 고통의 비명을 지르다

053 loudly [láudli]
부 큰 소리로, 시끄럽게 반 quietly
Please don't talk **loudly** in movie theaters.
영화관에서 큰 소리로 말하지 마세요.
loud 형 큰 소리의, 시끄러운

054 ghost [goust]
명 유령, 귀신
Do you believe in **ghosts**? 너는 귀신들이 있다고 믿니?

055 monster [mánstər]
명 괴물
The boy likes books about **monsters**. 그 소년은 괴물들에 관한 책을 좋아한다.

the male athlete sets the world speed record 그 남자 선수가 세계 최고 속도 기록을 세우다

056 male [meil]
- 형 남자[남성/수컷]의 (반) female 명 남자[남성/수컷] (반) female
- Most of the math teachers are **male**. 수학 선생님의 대부분이 남자다.
- a **male** bird 수새[새의 수놈]

057 athlete [ǽθliːt]
- 명 (운동)선수
- The Olympic **athlete** won a few medals. 그 올림픽 선수는 몇 개의 메달을 땄다.

058 speed [spiːd]
- 명 속도, 속력 동 (sped-sped) 빨리 가다, 질주하다
- A car is going at top **speed**. 차 한 대가 최고 속도로 달리고 있다.
- **speed** along the street 거리를 따라 질주하다

059 record [rékərd]
- 명 (문서의) 기록; 경기 기록 동 [rikɔ́ːrd] 1 기록하다 2 녹음[녹화]하다
- He kept a **record** of his trip. 그는 자신의 여행을 기록했다.
- hold the world **record** 세계 기록을 보유하다
- **record** the date and time 날짜와 시간을 기록하다
- **record** a new album 새 앨범을 녹음하다
- Plus+ · keep a record (of) (~을) 기록하다

medicine for a cough/a sore throat 기침을/인후염을 위한 약

060 medicine [médəsn]
- 명 1 약 2 의학, 의술
- Take this **medicine** after each meal. 매 식사 후에 이 약을 복용하라.
- study **medicine** at university 대학에서 의학을 공부하다

061 cough [kɔːf]
- 동 기침하다 명 기침
- The smoke made her **cough**. 그 연기 때문에 그녀는 기침을 했다.
- I have a bad **cough**. 나는 기침이 심하다.

062 sore [sɔːr]
- 형 아픈, 따가운, 쑤시는
- I had a **sore** arm after playing tennis. 테니스를 친 후에 나는 팔이 쑤셨다.

063 throat [θrout]
- 명 목구멍, 목
- Does your **throat** hurt? 목이 아픕니까?

주제 요리

064 cooking [kúkiŋ]
명 요리(하기) 형 요리용의
I do most of the **cooking** in our house. 우리 집에서 내가 대부분의 요리를 한다.
cooking oil 요리용 오일[식용유]

065 melt [melt]
동 녹다; 녹이다 반 freeze
The butter **melted** in the frying pan. 버터가 프라이팬에서 녹았다.
Melt chocolate over low heat. 초콜릿을 낮은 열로 녹여라.

066 blend [blend]
동 섞다, 혼합하다; 섞이다 유 mix
Blend the sugar, eggs, and flour. 설탕, 달걀, 그리고 밀가루를 섞어라.
blend well 잘 섞이다
blender 명 믹서기

067 boil [bɔil]
동 1 끓다; 끓이다 2 삶다
The soup began to **boil**. 수프가 끓기 시작했다.
Boil water before drinking it. 물을 마시기 전에 끓여라.
boil an egg 달걀을 삶다

068 pour [pɔːr]
동 1 따르다[붓다] 2 (비가) 퍼붓다; 쏟아내다
Pour the oil into a pan and heat. 오일을 팬에 붓고 가열하라.
The rain is **pouring** down. 비가 쏟아져 내리고 있다.

069 serve [səːrv]
동 1 (음식을) 제공하다 2 응대하다 3 일[봉사]하다
Dinner will be **served** at 8:30. 저녁 식사는 8시 30분에 제공된다.
serve a customer in a store 가게에서 손님을 응대하다
serve as a volunteer at a soup kitchen 무료 급식소에서 자원봉사자로 일하다

070 slice [slais]
명 (얇게 썬) 조각 동 얇게 썰다[자르다]
Cut me a **slice** of bread. 내게 빵을 한 조각 잘라 주세요.
slice an onion 양파를 얇게 썰다

071 turn over
~을 뒤집다
You should **turn over** the pancake now. 너는 지금 그 팬케이크를 뒤집어야 해.

072 would like to-v
~하고 싶다
What **would** you **like to** eat for dessert? 너는 후식으로 뭐가 먹고 싶어?

DAILY TEST

정답 p.148

[01~09] 다음 우리말과 같은 뜻이 되도록 빈칸에 알맞은 단어를 쓰세요.

01 기침이 심하다   have a bad _____
02 감옥에 가다   go to _____
03 이 약을 복용하다   take this _____
04 괴물들에 관한 책들   books about _____
05 거리를 따라 질주하다   _____ along the street
06 새 앨범을 녹음하다   _____ a new album
07 고통의 비명을 지르다   give a _____ of pain
08 귀신들이 있다고 믿다   believe in _____
09 그 올림픽 선수   the Olympic _____

[10~12] 다음 밑줄 친 부분의 반의어를 골라 연결하세요.

10 Most of the math teachers are <u>male</u>.   •   • ⓐ female

11 <u>Melt</u> chocolate over low heat.   •   • ⓑ quietly

12 Please don't talk <u>loudly</u> in movie theaters. •   • ⓒ freeze

요리

[13~21] 다음 빈칸에 알맞은 단어를 넣어, 대화를 완성하세요.

A: Let's do some ¹³_____. I ¹⁴_____ _____ to make pancakes. I'll ¹⁵_____ the eggs and flour.

B: OK. Why don't we ¹⁶_____ chocolate over the pancakes? I'll ¹⁷_____ the chocolate.

A: Good idea! But don't let the chocolate ¹⁸_____.

B: Please ¹⁹_____ _____ this pancake for me. I don't want it to burn.

A: No problem! Let's ²⁰_____ the pancakes, and ²¹_____ them with the chocolate… and some strawberries!

A: ¹³요리 좀 해보자. 나는 팬케이크를 만들고 ¹⁴싶어. 내가 달걀과 밀가루를 ¹⁵섞을게.
B: 알겠어. 팬케이크 위에 초콜릿을 ¹⁶붓는 건 어때? 내가 초콜릿을 ¹⁷녹일게.
A: 좋은 생각이야! 하지만 초콜릿을 ¹⁸끓이지는 마.
B: 나를 위해 이 팬케이크를 ¹⁹뒤집어줘. 나는 그것이 타는 걸 원하지 않아.
A: 문제없어! 그 팬케이크들을 ²⁰얇게 썰자, 그리고 초콜릿과… 약간의 딸기들과 함께 그것들을 ²¹제공하자!

DAY 04

>> it's **rude** to **stare** at **strangers** 모르는 사람을 빤히 쳐다보는 것은 무례한 것이다

073 rude [ruːd]
형 무례한, 예의 없는 ↔ polite
Why are you so **rude** to your mother?
너는 네 엄마에게 왜 그렇게 예의 없게 구니?

074 stare [stɛər]
동 빤히 쳐다보다, 응시하다 ((at))
What is he **staring** at? 그는 무엇을 응시하고 있는 거지?

075 stranger [stréindʒər]
명 1 낯선 사람 2 (어떤 곳에) 처음 온 사람
Don't talk to **strangers**! 낯선 사람과는 이야기하지 마!
"Where's the bank?" "Sorry, I'm a **stranger** here myself."
"은행이 어디 있죠?" "미안해요, 저도 여기는 처음이에요."

strange 형 이상한; 낯선

>> **create** your **own tasty recipe** 너만의 맛있는 레시피를 만들다

076 create [kriéit]
동 만들어 내다, 창작[창조]하다
Picasso **created** a new style of painting.
피카소는 새로운 그림 스타일을 만들어 냈다.
create music 음악을 창작하다
creation 명 창조, 창작, 창출; 창작품
creative 형 창의[창조]적인; 창의력이 있는

077 own [oun]
형 자기 자신의 동 소유하다
I bought this hat with my **own** money. 나는 내 돈으로 이 모자를 샀다.
I live in an apartment, but I don't **own** it.
나는 아파트에 살지만 그것이 내 소유는 아니다.

078 tasty [téisti]
형 맛있는 ≈ delicious
He makes a **tasty** dish with chicken. 그는 닭으로 맛있는 요리를 만든다.
taste 명 맛; 미각 동 맛이 나다; 맛보다

079 recipe [résəpi]
명 조리[요리]법
This is my favorite **recipe** for cookies. 이것은 내가 가장 좋아하는 쿠키 조리법이다.

›› **exchange useful information** 유용한 정보를 교환하다

080 exchange
[ikstʃéindʒ]

명 교환 동 교환하다, 주고받다

This meeting is for the **exchange** of ideas.
이 회의는 아이디어 교환을 위한 것이다.

exchange the pants for bigger ones 그 바지를 큰 걸로 교환하다
We **exchange** gifts at Christmas. 크리스마스 때 우리는 선물을 주고받는다.

081 useful
[júːsfəl]

형 쓸모 있는, 유용한 유 helpful 반 useless

The Internet is a **useful** tool for education. 인터넷은 교육에 유용한 도구이다.

use 동 쓰다, 사용하다 명 사용[이용]

082 information
[ìnfərméiʃən]

명 정보, 자료

For more **information**, please visit our website.
더 많은 정보가 필요하시면, 저희 웹사이트를 방문하세요.

›› **cotton sheets** with a **unique design** 독특한 디자인의 면 시트

083 cotton
[kátn]

명 1 목화 2 면, 면직물

They work in the **cotton** fields. 그들은 목화밭에서 일한다.
The fabric is made of **cotton**. 그 천은 면으로 만들어졌다.

084 sheet
[ʃiːt]

명 1 시트, 얇은 천 2 (종이) 한 장

I put clean **sheets** on the bed. 나는 깨끗한 시트를 침대에 씌웠다.
a blank **sheet** of paper 백지 한 장

085 cover
[kʌ́vər]

동 덮다; 가리다 명 덮개, 커버

Snow **covered** the ground.
눈이 땅바닥을 덮었다.

Word Link
쿠션, 베개 등의 오염을 방지하거나 보기 좋게 하기 위해 겉을 싸는 천을 cover라고 해요.

086 unique
[juːníːk]

형 1 독특한, 특별한 2 유일무이한

Indian English has a **unique** accent. 인도 영어는 억양이 독특하다.
Each person's DNA is **unique**. 각 개인의 DNA는 유일무이하다.

087 design
[dizáin]

명 디자인; 무늬 동 디자인하다, 설계하다

I like the **design** of these clothes. 나는 이 옷의 디자인이 마음에 든다.
Who **designed** this building? 누가 이 건물을 설계했나요?

designer 명 디자이너

주제: 언어학습

088 alphabet [ǽlfəbèt]
명 알파벳
There are 26 letters in the English **alphabet**.
영어 알파벳에는 26개의 문자가 있다.

089 dictionary [díkʃənèri]
명 사전
I often check the **dictionary** for spelling. 나는 종종 사전에서 철자를 확인한다.
look up a word in a **dictionary** 사전에서 단어를 찾다

090 accent [ǽksent]
명 말투, 악센트
He spoke with a strong British **accent**. 그는 강한 영국식 악센트로 말했다.

091 basic [béisik]
형 기본적인, 기초적인 명 (-s) 기본, 기초
The students learn the **basic** rules of grammar.
그 학생들은 기초적인 문법 규칙들을 배운다.
learn the **basics** of reading and writing 읽기와 쓰기의 기초를 배우다

092 aloud [əláud]
부 소리 내어; 큰 소리로
A student is reading a book **aloud**. 한 학생이 책을 소리 내어 읽고 있다.
She spoke her thoughts **aloud**. 그녀는 자신의 생각을 큰 소리로 말했다.

093 course [kɔːrs]
명 1 강의, 강좌 ㉠ class 2 방향, 진로
I take a Spanish **course** at a language school.
나는 어학원에서 스페인어 강좌를 듣는다.
a ship's **course** 배의 항로
change the **course** of your life 삶의 진로를 바꾸다

094 memory [méməri]
명 1 기억(력) 2 추억
Good **memory** helps vocabulary learning. 좋은 기억력은 어휘 학습을 돕는다.
happy **memories** of studying abroad 유학에 대한 행복한 추억들

095 look up
(정보를) 찾아보다
If you don't know what a word means, you should **look** it **up** in the dictionary. 단어가 무슨 의미인지 모르면, 사전에서 그것을 찾아봐.

096 write down
~을 적다
Spell the word aloud, then **write** it **down**.
큰 소리로 그 단어의 철자를 말하고, 그 다음 그것을 적어라.

DAILY TEST

정답 p.148

[01~06] 다음 단어들을 연결하여 어구를 완성하고 그 뜻을 쓰세요.

01 a tasty •   • ⓐ strangers   뜻: _____
02 a unique •   • ⓑ dish   뜻: _____
03 talk to •   • ⓒ accent   뜻: _____
04 exchange •   • ⓓ tool   뜻: _____
05 a useful •   • ⓔ fields   뜻: _____
06 the cotton •   • ⓕ the pants   뜻: _____

[07~09] 다음 빈칸에 알맞은 단어를 고르세요

07 This is my favorite _____ for cookies.
    ⓐ sheet   ⓑ recipe   ⓒ basic   ⓓ information

08 I live in an apartment, but I don't _____ it.
    ⓐ stare   ⓑ cover   ⓒ own   ⓓ create

09 Why are you so _____ to your mother?
    ⓐ tasty   ⓑ unique   ⓒ useful   ⓓ rude

언어학습

[10~17] 다음 빈칸에 알맞은 단어를 넣어, 대화를 완성하세요.

A: Is this the room for the 10_____ French 11_____?

B: Yes – come in! Did you bring a French 12_____ with you?

A: I did. And I 13_____ _____ the list of English words that you sent last week. I 14_____ them _____ in French.

B: Well done! The class has just started. We already know the letters of the 15_____. Let's say "Bonjour" 16_____.

A: Ban-jee-our…

B: Oh dear, you need to work on your 17_____!

A: 여기가 10**기초** 프랑스어 11**강좌** 강의실인가요?
B: 네, 들어오세요! 프랑스어 12**사전**을 가져왔나요?
A: 가져왔어요. 그리고 지난주에 보내주신 영어 단어의 목록을 13**찾아봤어요**. 저는 그것들을 프랑스어로 14**적어 두었어요**.
B: 잘하셨어요! 수업은 이제 막 시작했어요. 우리는 이미 15**알파벳** 글자를 알고 있어요. "Bonjour"를 16**큰 소리로** 말해보세요.
A: 반-지-아우어…
B: 아이구, 학생은 본인의 17**악센트**에 공을 들일 필요가 있겠어요.

DAY 05

>> an **image** of a **mysterious creature** 기이한 생명체의 모습

097 image
[ímidʒ]
명 1 이미지, 인상 2 상(像), 모습
We want to give people a good **image** of the town.
우리는 사람들에게 마을에 대한 좋은 인상을 주고 싶다.
look at your **image** in a mirror 거울에 비친 너의 모습을 보다

098 mysterious
[mistíəriəs]
형 이해하기 힘든, 기이한
His sudden death was a **mysterious** event.
그의 갑작스러운 죽음은 이해하기 힘든 사건이었다.
mystery 명 신비; 수수께끼; 추리 소설

099 creature
[krí:tʃər]
명 생물, 생명체
Blue whales are the largest sea **creatures**.
대왕고래는 가장 큰 바다 생명체다.

>> a **common interest** in **photography/climbing** 사진에/등산에 대한 공통된 관심

100 common
[kámən]
형 1 흔한 2 공통의, 공동의
"Tom" is a **common** name in the UK. "톰"은 영국에서 흔한 이름이다.
have a **common** goal 공동의 목표를 가지다
commonly 부 흔히, 보통

101 interest
[íntərəst]
명 관심, 흥미 ((in)) 동 관심을 끌다
He lost **interest** in learning French. 그는 프랑스어 배우는 것에 흥미를 잃었다.
Fashion doesn't **interest** me. 패션은 내 관심을 끌지 못한다.
interesting 형 재미있는, 흥미로운   interested 형 관심[흥미] 있는

102 photography
[fətágrəfi]
명 사진술; 사진 촬영
I study **photography** at college. 나는 대학에서 사진술을 공부한다.
photograph 명 사진 동 ~의 사진을 찍다

103 climbing
[kláimiŋ]
명 등산, 등반
He goes **climbing** every weekend. 그는 주말마다 등산을 간다.
climb 동 오르다, 올라가다

›› have a **normal/lonely** childhood 평범한/외로운 어린 시절을 보내다

104 normal [nɔ́ːrməl]
형 보통의, 평범한; 평균의
The famous singer wants a **normal** life. 그 유명 가수는 평범한 삶을 원한다.
My height is **normal** for my age. 내 키는 내 나이로 봤을 때 평균이다.
normally 부 보통(은), 보통 때는; 정상적으로

105 lonely [lóunli]
형 외로운, 쓸쓸한
The old man lives alone and often feels **lonely**.
그 노인은 혼자 살고 자주 외로움을 느낀다.

106 childhood [tʃáildhùd]
명 어린 시절
She spent her **childhood** in India. 그녀는 어린 시절을 인도에서 보냈다.

›› **defend** against **enemy attack** 적의 공격에 맞서 방어하다

107 defend [difénd]
동 방어[수비]하다, 지키다 반 attack
The army is ready to **defend** the city. 그 군대는 도시를 방어할 준비가 되어있다.
defense 명 방어, 수비

108 against [əgénst]
전 ~에 반대하여[맞서]
England fought **against** Germany in World War I.
영국은 1차 세계대전에서 독일에 맞서 싸웠다.
against the law 법에 어긋나는

109 enemy [énəmi]
명 1 적 2 적국, 적군
Dogs and cats are natural **enemies**.
개와 고양이는 천적이다.
an **enemy** aircraft 적국의 항공기

110 attack [ətǽk]
명 공격 동 공격하다 반 defend
The surprise **attack** took place at 10 p.m. 그 기습 공격은 밤 10시에 일어났다.
The cat **attacked** the mouse. 그 고양이는 쥐를 공격했다.

111 bomb [bam]
명 폭탄
The **bomb** destroyed the building.
그 폭탄이 건물을 파괴시켰다.

> **Word Link**
> '폭탄 공격'을 영어로 bomb attack이라고 해요.

주제: 여행

112 harbor [háːrbər]
명 항구
Their boat left the **harbor** last night.
그들이 탄 보트가 어젯밤 그 항구를 떠났다.

113 excite [iksáit]
동 흥분시키다, 들뜨게 하다
A visit to the zoo always **excites** children.
동물원 방문은 항상 아이들을 들뜨게 한다.
excitement 명 흥분, 신남

114 flight [flait]
명 1 (비행기) 여행 2 항공편
I was very tired after the long **flight**. 장시간 비행 후에 나는 너무 피곤했다.
book a **flight** to Paris 파리행 비행기를 예약하다

115 pack [pæk]
동 (짐을) 싸다; 포장하다 명 한 상자[팩/갑]
Don't forget to **pack** an umbrella. 우산 챙기는 거 잊지 마.
pack books in boxes 책들을 상자 속에 넣어 포장하다
a **pack** of gum 껌 한 통

116 schedule [skédʒuːl]
명 1 일정 2 시간표
He has a very busy **schedule**. 그는 일정이 매우 바쁘다.
check train **schedules** 열차 시간표를 확인하다

117 cancel [kǽnsəl]
동 취소하다
Our flight was **canceled** because of heavy rain.
우리 비행기는 폭우로 취소되었다.

118 tomb [tuːm]
명 무덤, 묘 유 grave
Hundreds of people visit the royal **tomb** each day.
하루에 수백명의 사람들이 그 왕실 무덤[왕릉]을 방문한다.

119 keep in mind
~을 명심하다, 기억하다
Keep in mind that Paris can be very hot in July and August.
파리는 7, 8월에 매우 덥다는 것을 명심해.

120 leave for
~로 떠나다
We will **leave for** London tomorrow. 우리는 내일 런던으로 떠날 것이다.

DAILY TEST

정답 p.148

[01~12] 영어는 우리말로, 우리말은 영어로 쓰세요.

01 creature _____
02 image _____
03 normal _____
04 against _____
05 photography _____
06 mysterious _____

07 어린 시절 _____
08 공격; 공격하다 _____
09 항구 _____
10 적; 적국, 적군 _____
11 폭탄 _____
12 외로운, 쓸쓸한 _____

[13~16] 다음 밑줄 친 부분을 문맥에 맞게 고쳐 쓰세요.

13 He goes <u>climb</u> every weekend.

14 "Tom" is a <u>commonly</u> name in the UK.

15 He lost <u>interested</u> in learning French.

16 The army is ready to <u>defense</u> the city.

여행

[17~24] 다음 빈칸에 알맞은 단어를 넣어, 이야기를 완성하세요.

17 _____ _____ _____ that our 18 _____ 19 _____ Cairo at 6 a.m. tomorrow, guys! I know this trip 20 _____ you, but please don't stay up late. Make sure you 21 _____ before you go to bed tonight. I'm warning you; we're on a tight 22 _____. If we're late, our visit to the Egyptian 23 _____ will be 24 _____.

17**명심하세요** 여러분, 우리 18**항공편**은 내일 오전 6시에 19**카이로로 떠난다**는 것을! 이번 여행이 당신을 20**들뜨게 한다**는 것을 알지만, 늦게까지 깨어 있지 마세요. 반드시 오늘 밤 잠자리에 들기 전에 21**짐을 싸세요**. 제가 경고하는데, 우리는 22**일정**이 빡빡해요. 만약 우리가 늦으면, 우리의 이집트 23**무덤** 방문은 24**취소될** 거예요.

REVIEW TEST   DAY 01~05

정답 p.148

A 덩어리 표현 우리말에 맞게 빈칸을 채워 핵심 표현을 완성하세요.

01 _____ bite _____ on your arms   너의 팔에 있는 벌레 물린 자국들

02 fail to enter a _____ _____   의대에 입학하지 못하다

03 display the art _____ at a _____ gallery   지역 미술관에 미술 소장품을 전시하다

04 bend down to _____ a _____ box   몸을 굽혀 나무 상자를 들어 올리다

05 _____ the soldiers for their _____   그 병사들의 용기를 칭찬하다

06 a sudden _____ in the _____   가슴에 느껴지는 갑작스러운 통증

07 a _____ _____   시끄러운 동네

08 _____ _____ a royal couple   왕족 부부를 가까이에서 경호하다

09 _____ from the _____   우리에서 탈출하다

10 scream _____ at a _____   유령을 보고 큰 소리로 비명을 지르다

11 the male _____ sets the world speed _____
    그 남자 선수가 세계 최고 속도 기록을 세우다

12 _____ for a _____   기침을 위한 약

13 it's _____ to _____ at strangers   모르는 사람을 빤히 쳐다보는 것은 무례한 것이다

14 create your _____ tasty _____   너만의 맛있는 레시피를 만들다

15 _____ _____ information   유용한 정보를 교환하다

16 _____ sheets with a _____ design   독특한 디자인의 면 시트

17 an image of a _____ _____   기이한 생명체의 모습

18 a _____ interest in _____   등산에 대한 공통된 관심

19 have a _____ _____   외로운 어린 시절을 보내다

20 _____ against _____ attack   적의 공격에 맞서 방어하다

B 주제별 어휘 — 우리말에 맞게 빈칸을 채워 문장을 완성하세요.

가사활동

01 He walks through the _____ to get his bike.
그는 자전거를 가지러 마당을 통과해 걸어간다.

02 Ride to the _____ store and buy these things for _____.
자전거 타고 식료품점에서 저녁 식사를 위한 이 물건들을 사와라.

03 The _____ floor is covered with _____!
차고 바닥이 쓰레기로 덮여 있다.

취미와 스포츠

04 We _____ _____ throwing the ball in the net.
우리는 교대로 공을 네트 안으로 던졌다.

05 Our _____ were better than us.
우리의 경쟁자들이 우리보다 더 잘했다.

06 We _____, but her goal wasn't allowed.
우리는 환호했지만, 그녀의 골은 득점으로 인정되지 않았다.

요리

07 Why don't we _____ chocolate over the pancakes?
팬케이크 위에 초콜릿을 붓는 건 어때?

08 Please _____ _____ this pancake for me.
나를 위해 이 팬케이크를 뒤집어줘.

09 Let's _____ the pancakes.
그 팬케이크들을 얇게 썰자.

언어학습

10 Is this the room for the _____ French _____?
여기가 기초 프랑스어 강좌 강의실인가요?

11 I _____ _____ the list of English words.
나는 영어 단어의 목록을 찾아봤다.

12 We already know the letters of the _____.
우리는 이미 알파벳 글자를 알고 있다.

여행

13 Our _____ _____ _____ Cairo at 6 a.m. tomorrow.
우리 항공편은 내일 오전 6시에 카이로로 떠난다.

14 Make sure you _____ before you go to bed tonight.
반드시 오늘 밤 잠자리에 들기 전에 짐을 싸세요.

15 I'm warning you; we're on a tight _____.
내가 경고하는데, 우리는 일정이 빡빡하다.

DAY 06

>> **quite certain** that you will win **a prize** 네가 상을 받을 것이 아주 확실한

121 quite
[kwait]

튀 아주, 꽤, 상당히

He plays the piano **quite** well. 그는 피아노를 꽤 잘 친다.

122 certain
[sə́ːrtn]

혱 1 확실한, 확신하는 ✋ sure 2 어떤

I am **certain** (that) he is still alive. 나는 그가 아직 살아있다고 확신한다.
a **certain** person/place 어떤 사람/장소
certainly 튀 틀림없이, 확실히

123 prize
[praiz]

몡 상, 상품 ✋ award

She won first **prize** in a science contest. 그녀는 과학 경시대회에서 1등 상을 탔다.
give a **prize** 상품을 주다

>> **explore** the **site** of a ninth-**century temple** 9세기 사원이 있던 장소를 답사하다

124 explore
[ikspló:r]

동 1 탐험[답사]하다 2 조사[탐구]하다

Astronauts **explore** space.
우주비행사들은 우주를 탐사한다.
explore the possibility 가능성을 조사하다
explorer 몡 탐험가

125 site
[sait]

몡 위치[장소]; (건축용) 용지[부지]

First, we have to look for a camping **site**. 먼저, 우리는 캠핑 장소를 찾아야 한다.
a **site** for a new airport 신공항 부지

126 century
[séntʃəri]

몡 100년, 1세기

Some turtles live for over a **century**. 어떤 거북들은 100년 넘게 산다.
the 20th **century** 20세기

127 temple
[témpl]

몡 사원, 절

Take off your shoes before you enter the **temple**. 절에 들어가기 전에 신발을 벗어라.
go to **temple** 절에 다니다

▶▶ discover a dead insect in a locker 사물함에서 죽은 벌레를 발견하다

128 discover
[diskʌ́vər]

동 1 발견하다 ⊕ find 2 찾다[알아내다]

A scientist **discovered** Pluto in 1930.
한 과학자가 1930년에 명왕성을 발견했다.

discover the cause of a fire 화재의 원인을 알아내다

discovery 명 발견

129 dead
[ded]

형 죽은 ⊕ alive

A **dead** body was found in the woods. 숲에서 시체가 발견되었다.

die 동 죽다   death 명 죽음, 사망

130 locker
[lákər]

명 로커, 사물함

I leave my bag in the **locker**. 나는 내 가방을 사물함에 둔다.

131 lock
[lak]

동 잠그다; 잠기다 명 자물쇠

Don't forget to **lock** the door.
문 잠그는 거 잊지 마.

This drawer doesn't **lock**. 이 서랍이 안 잠겨.

Put a **lock** on your bike. 네 자전거에 자물쇠를 채워라.

> **Word Link**
> '자물쇠(lock)'를 이용해서 무언가를 보관할 수 있는 장소를 '사물함(locker)'이라고 해요.

▶▶ the sun is the main source of heat on planet Earth 태양은 지구열의 주요 원천이다

132 main
[mein]

형 주된, 주요한; (같은 종류 중) 가장 큰

What is the **main** reason for this decision? 이 결정의 주된 이유는 무엇인가?
the **main** road 큰[주요] 도로

133 source
[sɔːrs]

명 1 (사물 등의) 원천 2 근원, 원인

Oranges are a good **source** of vitamin C. 오렌지는 훌륭한 비타민 C 공급원이다.
the **source** of trouble 문제의 근원

134 heat
[hiːt]

동 따뜻하게 하다, 데우다 명 열; 더위

They **heat** their house with wood. 그들은 나무로 난방을 한다.
Ice needs **heat** to melt. 얼음이 녹으려면 열이 필요하다.

135 planet
[plǽnit]

명 행성

What **planet** are you living on? 여러분은 어떤 행성에서 살고 있나요?

주제 ▶ 문학과 예술

136 fantasy [fǽntəsi]
명 공상, 환상; (문학·영화의) 판타지
She's living in a **fantasy** world. 그녀는 환상의 세계에서 살고 있다.
a **fantasy** movie/novel 판타지 영화/소설

137 giant [dʒáiənt]
명 거인 형 거대한 ⊕ huge
Giants often appear in children's books. 아동 도서에는 거인들이 자주 등장한다.
"King Kong" is a movie about a **giant** gorilla.
"킹콩"은 거대한 고릴라에 관한 영화이다.

138 classic [klǽsik]
형 1 걸작의, 고전적인 2 전형적인 명 (책·음악 등이) 고전
"Little Women" is a **classic** book about four sisters.
"작은 아씨들"은 네 자매에 관한 걸작 도서이다.
a **classic** example/mistake 전형적인 사례/실수

139 poem [póuəm]
명 (한 편의) 시(詩)
She wrote a beautiful **poem** about love.
그녀는 사랑에 대한 아름다운 한 편의 시를 썼다.
참고 **poetry** (집합적으로) 시(詩), 운문

140 title [táitl]
명 1 제목 2 칭호, 직함
I can't remember the **title** of the play. 나는 그 연극의 제목이 생각나지 않는다.
We call her by her job **title**, "Director."
우리는 그녀를 그녀의 직함인 "이사님"으로 부른다.

141 comic [kámik]
형 코미디의[희극의]; 웃기는 명 (-s) 만화책
She is a great **comic** writer. 그녀는 훌륭한 코미디 작가이다.
The actor had a **comic** role in the movie. 그 배우는 영화에서 웃기는 역할을 했다.

142 creative [kriéitiv]
형 창의[창조]적인; 창의력이 있는
She teaches **creative** writing at a college. 그녀는 대학에서 창의적 글쓰기를 가르친다.
create 동 만들어 내다, 창작[창조]하다

143 look through
~을 훑어보다
Did you **look through** the writer's new novel?
당신은 그 작가의 새 소설을 훑어보았나요?

144 be into
~에[을] 관심이 많다[좋아하다]
Teenagers **are** really **into** K-pop. 10대들은 케이팝에 정말로 관심이 많다.

DAILY TEST

정답 p.148

[01~08] 다음 우리말과 같은 뜻이 되도록 빈칸에 알맞은 단어를 쓰세요.

01 판타지 영화   a _____ movie
02 큰[주요] 도로   the _____ road
03 1등상을 타다   win first _____
04 신공항 부지   a _____ for a new airport
05 가능성을 조사하다   _____ the possibility
06 문제의 근원   the _____ of trouble
07 전형적인 사례   a _____ example
08 절에 다니다   go to _____

[09~12] 다음 괄호 안에서 알맞은 말을 고르세요.

09 A (death / dead) body was found in the woods.
10 Astronauts (explore / explorer) space.
11 I'm (certain / certainly) he is still alive.
12 A scientist (discovery / discovered) Pluto in 1930.

문학과 예술

[13~21] 다음 빈칸에 알맞은 단어를 넣어, 이야기를 완성하세요.

Are you ¹³_____ books? Perhaps you can guess which ¹⁴_____ story I'm thinking about. This book is wonderfully ¹⁵_____. The book is a ¹⁶_____. The girl becomes a ¹⁷_____ for a while. There is a ¹⁸_____ about a crocodile. There are some ¹⁹_____ characters like a rabbit, a queen, and some twins. What is the ²⁰_____ of the book? *Alice in Wonderland*, of course! ²¹_____ _____ this book, if you get the chance.

당신은 책에 ¹³관심이 많나요? 아마도 내가 생각하는 ¹⁴고전 이야기가 무엇인지 짐작할 수 있을 거예요. 이 책은 놀랍도록 ¹⁵창의적이에요. 그 책은 ¹⁶판타지예요. 소녀는 잠시 동안 ¹⁷거인이 돼요. 악어에 대한 ¹⁸시 한 편이 있어요. 토끼, 여왕, 쌍둥이들처럼 ¹⁹웃기는 등장인물들도 몇몇 있어요. 그 책의 ²⁰제목은 무엇일까요? 당연히, "이상한 나라의 앨리스"죠! 만약 기회가 된다면, 이 책을 ²¹훑어보세요.

DAY 07

>> get an **award** in a **poetry contest** 시 콘테스트에서 상을 받다

145 award
[əwɔ́ːrd]

명 상 ⓨ prize 동 (상 등을) 수여하다, 주다
They give an **award** to the best player. 그들은 최고의 선수에게 상을 준다.
award a medal to the winner 우승자에게 메달을 수여하다

146 poetry
[póuitri]

명 (집합적으로) 시(詩), 운문
I enjoy reading and writing **poetry**. 나는 시를 읽고 쓰는 것을 좋아한다.
참고 **poem** (한 편의) 시(詩)

147 contest
[kántest]

명 대회, 콘테스트
My school holds a math **contest** once a year.
우리 학교는 일 년에 한 번 수학 대회를 연다.

>> **finally** find a **perfect** place to **relax/hike** 마침내 휴식하기에/하이킹하기에 완벽한 장소를 찾다

148 finally
[fáinəli]

부 마침내, 결국 ⓨ at last
After months of working, she **finally** finished the project.
몇 달간 일을 한 후에, 그녀는 마침내 그 프로젝트를 끝냈다.
final 형 마지막의, 최종적인 명 결승(전)

149 perfect
[pə́ːrfikt]

형 1 (결함 없는) 완벽한 2 (목적에) 꼭 알맞은
His English was **perfect**. 그의 영어는 완벽했다.
The weather is **perfect** for a walk. 걷기에 꼭 알맞은 날씨다.

150 relax
[rilǽks]

동 1 (느긋이) 쉬다 2 (몸의) 긴장을 풀다, ~의 힘을 빼다
I like to **relax** with a good movie. 나는 좋은 영화를 보며 쉬는 것을 좋아한다.
Relax your shoulders. 어깨의 힘을 빼세요.
relaxed 형 느긋한, 여유 있는

151 hike
[haik]

동 하이킹[도보 여행]하다 명 하이킹[도보 여행]
We **hiked** around the lake all afternoon.
우리는 오후 내내 호주 주변을 하이킹했다.
a **hike** in the forest 숲에서의 하이킹

›› clearly describe what actually happened 실제로 무슨 일이 일어났는지 명확하게 설명하다

152 clearly
[klíərli]

툓 1 명백하게, 분명히 2 또렷하게

The accident was **clearly** his fault. 그 사고는 명백히 그의 잘못이었다.
speak **clearly** 또렷하게 말하다

clear 혱 분명한; 맑은, 투명한

153 describe
[diskráib]

툉 (특징 등을) 말하다, 묘사하다

She **described** the man to the police.
그녀는 경찰에게 그 남자의 인상착의를 설명했다.

description 몡 묘사, 기술

154 actually
[ǽktʃuəli]

툓 실제로, 정말로 ❂ in fact

He looks 20, but he's **actually** 35. 그는 20세로 보이지만, 실제로는 35세다.

actual 혱 실제의, 사실상의

155 actual
[ǽktʃuəl]

혱 실제의, 사실상의

I want to see an **actual** dinosaur!
나는 실제 공룡을 보고 싶어!

actually 툓 실제로, 정말로

> **Word Link**
> actual(사실상의, 실제적인) + -ly(부사형 접미사) → actually(실제로, 정말로)

156 happen
[hǽpən]

툉 1 (사건 등이) 일어나다 ❂ take place 2 우연히 ~하다 (to-v)

Something terrible has **happened**! 끔찍한 일이 일어났다!
happen to meet 우연히 만나다

›› experience a wild adventure 야생의 모험을 경험하다

157 experience
[ikspíəriəns]

몡 경험 툉 경험하다, 겪다

I have **experience** with teaching children. 나는 아이들을 가르친 경험이 있다.
experience problems 문제들을 겪다

158 wild
[waild]

혱 야생의

There are **wild** animals in the jungle. 밀림에는 야생 동물들이 있다.

159 adventure
[ædvéntʃər]

몡 모험

He told us about his **adventures** at sea.
그는 우리에게 바다에서의 그의 모험에 대해 얘기했다.

adventurous 혱 모험심이 강한; 모험적인, 모험 가득한

DAY 07 • 035

주제 대화와 토론

160 argue [áːrgjuː]
동 1 언쟁을 하다, 다투다 2 주장하다

They're always **arguing** with each other about money.
그들은 돈 때문에 늘 서로 다툰다.

argument 명 논쟁, 언쟁[말다툼]; 주장

161 subject [sʌ́bdʒekt]
명 1 주제[화제] ⓤ topic 2 과목

Let's change the **subject**. 주제를 바꿔 보자.
My favorite **subjects** at school were history and English.
학교 다닐 때 내가 가장 좋아하던 과목은 역사와 영어였다.

162 discuss [diskʌ́s]
동 토론하다, 의논하다

We **discussed** the future of the company. 우리는 회사의 미래에 대해 의논했다.

discussion 명 토론, 의논

163 wisdom [wízdəm]
명 지혜, 현명함

Do you have any words of **wisdom** for me?
저에게 해줄 지혜의 말씀이 있으세요?

wise 형 현명한, 지혜로운

164 chat [tʃæt]
동 잡담하다, 수다 떨다 명 잡담, 수다

We **chatted** about our plans for the vacation.
우리는 휴가 계획에 대해 수다를 떨었다.

165 decide [disáid]
동 결정하다, 결심하다

We discussed and **decided** to work together.
우리는 의논했고, 함께 일하기로 결정했다.

decision 명 결정, 판단

166 else [els]
형 그 밖의, 다른 부 그 밖에, 달리

I don't know the answer – ask someone **else**.
나는 답을 모르니, 다른 사람에게 물어봐.

167 in fact
사실은 ⓤ actually

What he said wasn't wrong. **In fact**, it was right.
그가 했던 말은 틀리지 않았다. 사실은, 그것이 맞았다.

168 for sure
확실히, 틀림없이

No one knows **for sure** about the future. 미래에 대해 아무도 확실하게는 모른다.

DAILY TEST

정답 p.149

[01~06] 다음 단어들을 연결하여 어구를 완성하고 그 뜻을 쓰세요.

01 happen to • • ⓐ problems   뜻: _____

02 speak • • ⓑ contest   뜻: _____

03 award • • ⓒ meet   뜻: _____

04 experience • • ⓓ clearly   뜻: _____

05 wild • • ⓔ animals   뜻: _____

06 a math • • ⓕ a medal   뜻: _____

[07~10] 다음 짝지어진 두 단어의 관계가 같도록 빈칸에 알맞은 단어를 쓰세요.

07 _____ : description = argue : argument

08 wisdom : wise = _____ : adventurous

09 _____ : actually = final : finally

10 discussion : _____ = decision : decide

대화와 토론

[11~17] 다음 빈칸에 알맞은 단어를 넣어, 이야기를 완성하세요.

Sam and Alex sat down together to 11_____. They had to 12_____ on a 13_____ for their school project. "I want to write about space," said Sam. "No, let's write about dinosaurs," said Alex. They 14_____. They shouted at each other. "Let's 15_____ this in a friendly way," said Sam, after fifteen minutes. "Shall we choose something 16_____?" "OK," said Alex. "17_____ _____, I'm also interested in pirates. How about you?" "Me too!"

샘과 알렉스는 함께 앉아 11**담소를 나눴다**. 그들은 학교 프로젝트를 위한 13**주제**에 대해 12**결정해야** 했다. 샘이 "나는 우주에 대해 쓰고 싶어"라고 말했다. 알렉스가 "아냐, 공룡에 대해 쓰자"라고 말했다. 그들은 14**언쟁을 했다**. 그들은 서로에게 소리쳤다. 15분 뒤, 샘이 말했다. "사이 좋게 이것을 15**의논하자**." "16**그 밖의 다른** 것을 선택할까?" 알렉스가 "좋아"라고 말했다. "17**사실**, 난 해적에도 관심이 많아. 넌 어때?" "나도!"

DAY 07 • 037

DAY 08

>> **breathe deeply** for a **moment** 잠시 깊게 숨을 쉬다

169	**breathe** [briːð]	동 숨을 쉬다, 호흡하다 I can hardly **breathe** because of the smoke. 연기 때문에 숨을 쉴 수가 없다. **breathe** fresh air 신선한 공기를 호흡하다[마시다] breath 명 숨, 호흡
170	**deeply** [díːpli]	부 1 몹시, 대단히 2 깊이, 깊게 They love each other **deeply**. 그들은 서로를 몹시 사랑한다. sleep/think **deeply** 깊이 잠들다/생각하다 deep 형 깊은 부 깊이, 깊은 곳에
171	**moment** [móumənt]	명 1 (특정한) 순간, 시점 2 잠깐, 잠시 When was the happiest **moment** of your life? 당신의 인생에서 가장 행복했던 순간은 언제였습니까? after a **moment** 잠시 후에

>> **seem interested** in **Western culture** 서양 문화에 관심이 있는 것 같다

172	**seem** [siːm]	동 ~처럼 보이다, ~인 것 같다 유 appear She **seemed** tired from work. 그녀는 일 때문에 피곤해 보였다. His story **seems** to be true. 그의 이야기는 사실인 것 같다.
173	**interested** [íntərəstid]	형 관심[흥미] 있는 ((in)) He is not **interested** in clothes. 그는 옷에 관심이 없다. interest 명 관심, 흥미 동 관심을 끌다 interesting 형 재미있는, 흥미로운
174	**western** [wéstərn]	형 1 서쪽의, 서쪽에 있는 2 (보통 Western) 서양의 The sun is going down in the **western** sky. 해가 서쪽 하늘에서 지고 있다. **Western** art/artists 서양 미술/예술가들
175	**culture** [kʌ́ltʃər]	명 문화 In their **culture**, it's rude to ask a woman's age. 그들의 문화에서 여성의 나이를 묻는 것은 무례한 짓이다. cultural 형 문화의, 문화적인

» develop foreign language skills 외국어 능력을 키우다

176 develop [divéləp]
동 1 발달[발전]시키다; 발전하다 2 개발하다
The company is **developing** so quickly. 그 회사는 빠른 속도로 발전하고 있다.
develop new technologies 신기술을 개발하다
development 명 발달, 성장

177 foreign [fɔ́:rən]
형 외국의
Kimchi is selling well in **foreign** countries. 김치는 외국에서 아주 잘 팔리고 있다.
foreigner 명 외국인

178 language [læŋgwidʒ]
명 언어, 말
How many **languages** do you speak? 너는 몇 개의 언어를 할 줄 아니?
spoken/written **language** 구어/문어

179 skill [skil]
명 솜씨[재주]; 기술
I have no **skill** in writing. 나는 글 쓰는 데 재주가 없다.
learn a **skill** 기술을 배우다
skillful 형 솜씨 좋은, 능숙한

» make a living as an engineer/astronaut 엔지니어로/우주 비행사로 먹고 살다

180 living [líviŋ]
형 살아 있는 (반 dead) 명 생활비, 생계 수단
All **living** things need water. 모든 살아 있는 것들은 물을 필요로 한다.
What do you do for a **living**? 무슨 일을 하세요?
live 동 (장소에) 살다; 생존하다 형 살아있는

181 engineer [èndʒiníər]
명 엔지니어, 기술자
He works as a software **engineer**. 그는 소프트웨어 엔지니어로 일한다.

182 astronaut [æstrənɔ̀:t]
명 우주 비행사
I want to be an **astronaut** and go to space.
나는 우주비행사가 되어 우주에 가고 싶다.

183 career [kəríər]
명 1 직업 2 경력
He decided to be a **career** soldier.
그는 직업 군인이 되기로 결심했다.
build a **career** 경력을 쌓다

Word Link
직장 경력을 통틀어 지칭하는 개념을 career라고 해요. 따라서 한 사람의 career에는 여러 종류의 job이 포함될 수 있어요.

주제 축하와 행사

184 decorate [dékərèit]
동 꾸미다, 장식하다
We **decorated** the room with balloons. 우리는 풍선으로 그 방을 장식했다.
decoration 명 장식; 장식품

185 circus [sə́ːrkəs]
명 서커스, 곡예
Children love going to the **circus**. 아이들은 서커스를 보러 가는 것을 매우 좋아한다.

186 wrap [ræp]
동 1 싸다, 포장하다 2 (몸을) (감)싸다
He **wrapped** the presents late on Christmas Eve.
그는 크리스마스 전날에 늦게까지 선물들을 포장했다.
wrap a scarf around the neck 목에 목도리를 두르다

187 row [rou]
명 1 열, 줄 2 (극장 등의 좌석) 줄
The singers were standing in a **row** on the stage.
그 가수들은 무대 위에 한 줄로 서 있었다.
sit in the front **row** at the theater 극장에서 맨 앞줄에 앉다

188 chant [tʃænt]
명 구호 동 (거듭) 외치다, 연호하다
They dance to **chants** or songs. 그들은 구호나 노래에 맞춰 춤을 춘다.
chant a hero's name 영웅의 이름을 연호하다

189 entrance [éntrəns]
명 1 입구 반 exit 2 입장; 입학
Let's meet at the main **entrance** of the school. 학교 정문에서 만나자.
make an **entrance** 입장[등장]하다
enter 동 들어가다; 입학하다

190 tradition [trədíʃən]
명 전통, 관습
He must sing at his own wedding – it's an old family **tradition**.
그는 자신의 결혼식에서 노래를 해야 하는데, 그것이 가족의 오랜 전통이다.
traditional 형 전통의, 전통적인

191 stop by
잠시 들르다
Will you **stop by** the market and buy some things for the dinner party? 시장에 들러 저녁 파티를 위한 몇 가지 물건들을 좀 사다 줄래?

192 be filled with
~로 가득 차다
The streets **were filled with** people. 거리는 사람들로 가득 찼다.

DAILY TEST

정답 p.149

[01~09] 다음 우리말과 같은 뜻이 되도록 빈칸에 알맞은 단어를 쓰세요.

01 잠시 후에   after a _____

02 입장[등장]하다   make an _____

03 서양 미술   _____ art

04 기술을 배우다   learn a _____

05 목에 목도리를 두르다   _____ a scarf around the neck

06 구어/문어   spoken/written _____

07 경력을 쌓다   build a _____

08 모든 살아 있는 것들   all _____ things

09 소프트웨어 엔지니어   a software _____

[10~12] 다음 괄호 안의 단어를 문맥에 맞게 알맞은 형태로 바꾸어 빈칸에 쓰세요.

10 They love each other _____. (deep)

11 He is not _____ in clothes. (interest)

12 I can hardly _____ because of the smoke. (breath)

> **축하와 행사**

[13~21] 다음 빈칸에 알맞은 단어를 넣어, 이야기를 완성하세요.

The ¹³_____ tent is ¹⁴_____ _____ ¹⁵_____ of excited children. A candy cart appears. It is ¹⁶_____ with colorful ribbons. It ¹⁷_____ _____ each ¹⁸_____ in turn, and the children run to the cart. They buy candy sticks ¹⁹_____ in shiny paper. Now it's time for the show. The children start to ²⁰_____ and clap. Everyone loves the history and ²¹_____ of this wonderful event!

¹³**서커스** 텐트는 ¹⁴**가득 차 있다**, 신이 난 아이들의 늘어선 ¹⁵**줄들로**. 사탕 수레가 나타난다. 그것은 형형색의 리본으로 ¹⁶**장식되어** 있다. 그 사탕 수레가 차례로 ¹⁷**잠시 들른다**, 각 ¹⁸**입구에**. 그리고 아이들은 수레로 달려간다. 그들은 반짝이는 종이에 ¹⁹**싸인** 막대사탕을 산다. 이제 공연을 할 시간이다. 아이들은 ²⁰**연호하며** 박수를 치기 시작한다. 모두가 이 멋진 행사의 역사와 ²¹**전통**을 사랑한다!

DAY 08 • 041

DAY 09

>> **can't imagine life without electricity** 전기 없는 삶을 상상할 수 없다

| 193 | **imagine** [imǽdʒin] | 동 상상하다
Imagine that you're flying in the sky. 네가 하늘을 날고 있다고 상상해 봐.
imagination 명 상상력 |

| 194 | **without** [wiðáut] | 전 ~ 없이, ~하지 않고
We drink tea **without** sugar. 우리는 설탕 없이 차를 마신다.
leave **without** saying goodbye 작별 인사도 하지 않고 떠나다 |

| 195 | **electricity** [ilektrísəti] | 명 전기, 전력
This heater uses a lot of **electricity**. 이 히터는 전기를 많이 사용한다.
a waste of **electricity** 전력 낭비 |

>> **smoke rises toward the ceiling** 연기가 천장 쪽으로 올라가다

| 196 | **smoke** [smouk] | 명 연기 동 담배를 피우다
Black **smoke** filled the room. 시커먼 연기가 방을 가득 메웠다.
You can't **smoke** here. 여기에서는 담배를 피우실 수 없습니다. |

| 197 | **rise** [raiz] | 동 (rose-risen) 1 오르다; (수량이) 증가하다 2 (해·달이) 뜨다 반 set
The waves **rose** and fell. 파도가 오르락내리락 했다.
House prices keep **rising**. 집값이 계속 오르고 있다.
The sun **rises** in the east. 해는 동쪽에서 뜬다.
참고 '일어서다'의 의미로 격식체에서는 **rise**를, 회화체에서는 **stand up**을 사용 |

| 198 | **toward** [twɔ́ːrd] | 전 (또는 towards) |방향| ~ 쪽으로, ~을 향해
I walked **toward** the exit of the building. 나는 건물의 출구 쪽으로 걸어갔다.
Two policemen came **toward** him. 두 명의 경찰관이 그를 향해 갔다. |

| 199 | **ceiling** [síːliŋ] | 명 천장
This room has a low **ceiling**. 이 방은 천장이 낮다. |

›› Will the **human soul** go to **heaven later**? 인간의 영혼은 나중에 천국에 갈까?

200 human [hjúːmən]
- 형 인간[사람]의 명 (보통 humans) 인간, 사람 ⊕ human being
- Speaking is a **human** skill. 말하기는 인간의 기술이다.
- Dogs hear better than **humans**. 개는 사람보다 더 잘 듣는다.

201 soul [soul]
- 명 (영)혼; 정신
- I believe that all people have **souls**. 나는 모든 사람에게 영혼이 있다고 생각한다.
- the **souls** of dead people 망자의 혼령들

202 heaven [hévən]
- 명 1 천국, 하늘나라 2 낙원
- Our baby is a gift from **heaven**. 우리 아기는 하늘에서 온 선물이다.
- This island is a **heaven** on earth. 이 섬은 지상 낙원이다.

203 later [léitər]
- 부 뒤에, 나중에 ↔ earlier 형 더 뒤[나중]의 ↔ earlier
- Let's eat now and go swimming **later**. 지금 밥을 먹고 나중에 수영하러 가자.
- I'll take a **later** train. 나는 뒤에 오는 기차를 탈 것이다.

›› **survive** an **awful aircraft crash** 끔찍한 비행기 추락 사고에서 살아남다

204 survive [sərváiv]
- 동 살아남다, 생존하다
- The family **survived** the bomb attack. 그 가족은 폭탄 공격에서 살아남았다.
- **survival** 명 생존

205 awful [ɔ́ːfəl]
- 형 끔찍한, 지독한 ⊕ terrible
- It was an **awful** experience. 그것은 끔찍한 경험이었다.
- The garbage smells really **awful**. 쓰레기에서 정말 지독한 냄새가 난다.

206 aircraft [ɛ́ərkræ̀ft]
- 명 항공기
- Planes and helicopters are examples of **aircraft**.
  비행기와 헬리콥터는 항공기의 예다.

207 crash [kræʃ]
- 동 충돌[추락]하다 명 충돌, 추락
- The car **crashed** into a tree.
  그 자동차는 나무와 충돌했다.
- the cause of the train **crash** 열차 충돌 사고의 원인

주제: 감정

208 ashamed [əʃéimd]
형 부끄러운, 창피한 ((of))
She was so **ashamed** of cheating on the test.
그녀는 시험에서 부정행위를 한 것이 너무 부끄러웠다.

209 nervous [nə́ːrvəs]
형 긴장한, 불안한
Everyone gets **nervous** before a big game. 모두가 큰 게임을 앞두고 긴장한다.
feel **nervous** about ~에 대해 불안해하다

210 pleased [pliːzd]
형 기쁜, 만족스러운
Are you **pleased** with the result of the game?
당신은 그 경기 결과에 만족하시나요?
Plus+ · be pleased with ~에 만족하다
please 부 제발 동 기쁘게 하다

211 excited [iksáitid]
형 신이 난, 흥분한
What are you so **excited** about? 너는 뭐 때문에 그렇게 신이 난 거야?
excite 동 흥분시키다, 들뜨게 하다   exciting 형 신나는, 흥미진진한

212 upset [ʌpsét]
형 속상한 동 (upset–upset) 속상하게 하다
Don't get **upset** about your mistake. 너의 실수에 대해 속상해하지 마라.
My dog's death **upset** me a lot. 내 개의 죽음은 나를 많이 속상하게 했다.

213 bitter [bítər]
형 1 쓰라린, 고통스러운 2 맛이 쓴 (반) sweet
We learn from **bitter** experiences. 우리는 고통스러운 경험들을 통해 배운다.
leave a **bitter** taste in the mouth 입에 쓴맛을 남기다

214 scare [skɛər]
동 겁주다, 겁나게 하다 (유) frighten
Loud noises can **scare** little kids. 큰 소리가 어린 아이들을 겁먹게 할 수 있다.
scared 형 무서워하는, 겁먹은

215 bring back
1 ~을 기억나게 하다[상기시키다] 2 ~을 돌려주다
The song **brought back** old memories. 그 노래는 옛 추억을 떠올리게 했다.
He was angry because I didn't **bring back** his book.
내가 그의 책을 돌려주지 않아서 그는 화가 났다.

216 to one's surprise
놀랍게도
To my surprise, she passed the exam. 놀랍게도, 그녀는 그 시험을 통과했다.

DAILY TEST

정답 p.149

[01~12] 영어는 우리말로, 우리말은 영어로 쓰세요.

01 human _____
02 without _____
03 soul _____
04 later _____
05 crash _____
06 smoke _____

07 천장 _____
08 항공기 _____
09 긴장한, 불안한 _____
10 상상하다 _____
11 전기, 전력 _____
12 ~ 쪽으로, ~을 향해 _____

[13~14] 다음 짝지어진 단어의 관계가 나머지와 <u>다른</u> 하나를 고르세요.

13 ⓐ please – pleased   ⓑ survive – survival
    ⓒ excite – excited   ⓓ scare – scared

14 ⓐ later – earlier   ⓑ awful – terrible
    ⓒ bitter – sweet   ⓓ rise – set

감정

[15~22] 다음 빈칸에 알맞은 단어를 넣어, 이야기를 완성하세요.

Simon was 15_____ to be back, but also a little bit 16_____. Returning to his old school 17_____ _____ 18_____ memories. Three years ago, his father went to prison. His family felt 19_____ and 20_____. They moved to a different town. Now they were ready to go home. 21_____ his _____, his old friends met him at the school gate. They seemed 22_____ to see him. Perhaps it was going to be okay!

사이먼은 돌아오게 되어 15**흥분됐**지만, 동시에 약간 16**긴장됐**습니다. 모교로 돌아오는 것이 18**쓰라린** 기억들을 17**떠올리게 했**습니다. 3년 전, 그의 아버지는 감옥에 갔습니다. 사이먼의 가족은 19**부끄럽고** 20**속상했**습니다. 그들은 다른 마을로 이사했습니다. 이제 그들은 집에 갈 준비가 되었습니다. 21**놀랍게도**, 그의 오랜 친구들은 교문에서 그를 만났습니다. 그들은 그를 만나서 22**기뻐하는** 것처럼 보였습니다. 아마도 괜찮을 것 같았습니다!

DAY 10

>> the **topic** of **discussion** for the **interview** 면접의 토론 주제

217 topic [tápik]
명 주제, 화제 ⊕ subject
We discussed various **topics**. 우리는 다양한 주제들에 대해 토론했다.

218 discussion [diskʌ́ʃən]
명 토론, 의논
I had a **discussion** with my parents about my future.
나는 내 미래에 대해 부모과 의논을 했다.
discuss 동 토론하다, 의논하다

219 interview [íntərvjùː]
명 면접; 인터뷰[회견] 동 인터뷰를 하다
I had an **interview** for a teaching job. 나는 강사직을 위해 면접을 봤다.
a television **interview** 텔레비전 인터뷰
The reporter **interviews** famous actors. 그 기자는 유명 배우들을 인터뷰한다.

>> **dislike** such **violent**/**scary** movies 그런 폭력적인/무서운 영화를 싫어하다

220 dislike [disláik]
동 싫어하다 ⊕ hate ⊖ like
I **dislike** going to the dentist. 나는 치과에 가는 것을 싫어한다.
참고 **dis-**(아닌) + **like**(좋아하다)

221 such [sʌtʃ]
형 1 그러한; ~와 같은 2 매우 ~한
I've never heard of **such** a thing! 나는 그런 말을 들어 본 적이 없어!
He's **such** a good writer. 그는 매우 훌륭한 작가다.

222 violent [váiələnt]
형 1 폭력적인, 난폭한 2 격렬한, 맹렬한
The **violent** man shook his fist in my face.
그 난폭한 사내는 내 면전에 주먹을 휘둘렀다.
violent storms 격렬한 폭풍
violence 명 폭력; 격렬함

223 scary [skέəri]
형 무서운, 겁나는
The green monster looks **scary**. 그 녹색 괴물은 무섭게 보인다.
It was a really **scary** moment. 그건 정말 겁나는 순간이었다.
scare 동 겁주다, 겁나게 하다

▶▶ borrow a traditional costume for an event 행사를 위해 전통 의상을 빌리다

224 borrow [bárou]
동 빌리다
I **borrowed** a pen from my friend. 나는 친구에게서 펜 한 자루를 빌렸다.

225 lend [lend]
동 (lent-lent) 빌려주다
Can you **lend** me a pen?
내게 펜 좀 빌려줄 수 있을까?

> **Word Link**
> borrow는 다른 사람의 소유물을 잠깐 빌려 쓰는 것이고, lend는 무언가를 누구에게 빌려준다는 의미예요.

226 traditional [trədíʃənl]
형 전통의, 전통적인
She wore a **traditional** Japanese kimono. 그녀는 전통 일본 기모노를 입었다.
a **traditional** value 전통적 가치
tradition 명 전통, 관습

227 costume [kástuːm]
명 복장, 의상; 가장복
She is wearing an 11th-century Roman **costume**.
그녀는 11세기 로마 복장을 하고 있다.
children in their Halloween **costumes** 핼러윈 복장을 한 아이들

228 event [ivént]
명 사건[일]; 행사
The Korean War was a very important **event** in history.
한국 전쟁은 역사상 매우 중요한 사건이었다.
hold an **event** 행사를 개최하다

▶▶ expect a reply to a message 메시지에 대한 답장을 기다리다

229 expect [ikspékt]
동 예상[기대]하다; 기다리다
I didn't **expect** to see him here. 나는 여기서 그를 볼 것을 예상치 못했다.
expect a visit/call 방문을/전화를 기다리다
expectation 명 기대

230 reply [riplái]
동 대답하다, 답변하다 ((to)) 명 대답
Did you **reply** to your sister's letter? 너는 네 여동생 편지에 답장 보냈어?
make no **reply** 대답하지 않다

231 message [mésidʒ]
명 1 메시지, 전갈 2 교훈
Please leave a **message** after the beep. 삐 소리 후 메시지를 남겨주세요.
a film with a good **message** 좋은 교훈이 담긴 영화

DAY 10 • 047

주제: 자연과 환경

232 shade [ʃeid]
명 그늘
We sat in the **shade** of a tree. 우리는 나무 그늘에 앉아 있었다.
a plant that needs a lot of **shade** 많은 그늘을 필요로 하는 식물

233 shine [ʃain]
동 (shone-shone) 빛나다, 반짝이다
The moon was **shining** brightly in the sky. 하늘에 달이 밝게 빛나고 있었다.
shiny 형 빛나는, 반짝거리는

234 nest [nest]
명 (새의) 둥지; (곤충·작은 동물의) 집[보금자리]
Birds build their **nests** in different ways. 새들은 여러 방식으로 둥지를 짓는다.
an ants' **nest** 개미집

235 scene [siːn]
명 1 (영화 등의) 장면 2 경치, 풍경
The movie opens with a **scene** on a beach.
그 영화는 해변에서의 한 장면으로 시작한다.
a winter/street **scene** 겨울/거리 풍경

236 root [ruːt]
명 1 (식물의) 뿌리 2 근원, 핵심
The **roots** of the old tree are very thick.
그 고목의 뿌리는 매우 두껍다.
the **root** of the pollution problem 오염 문제의 근원

237 weed [wiːd]
명 잡초
We pulled **weeds** from the garden. 우리는 정원에서 잡초를 뽑았다.

238 reuse [riːjúːz]
동 재사용하다
We can **reuse** plastic bags, so don't throw them away.
우리는 비닐봉지를 재사용할 수 있으니, 그것들을 버리지 마라.
참고 re-(다시) + use(사용하다)

239 throw away
버리다
Don't **throw away** trash here. 여기에 쓰레기를 버리지 마세요.

240 cut down
1 (나무를) 베어 넘어뜨리다 2 줄이다, 삭감하다 ((on))
They **cut down** many trees for firewood. 그들은 장작용으로 많은 나무를 베었다.
How can we **cut down** on pollution? 우리는 어떻게 하면 오염을 줄일 수 있을까?

DAILY TEST

정답 p.149

[01~06] 다음 단어들을 연결하여 어구를 완성하고 그 뜻을 쓰세요.

01 borrow • • ⓐ reply 뜻: _____
02 leave • • ⓑ a pen 뜻: _____
03 hold • • ⓒ a message 뜻: _____
04 various • • ⓓ an event 뜻: _____
05 Halloween • • ⓔ topics 뜻: _____
06 make no • • ⓕ costumes 뜻: _____

[07~11] 다음 밑줄 친 부분을 문맥에 맞게 고쳐 쓰세요.

07 I didn't <u>expectation</u> to see him here.

08 The <u>violence</u> man shook his fist in my face.

09 I had a <u>discuss</u> with my parents about my future.

10 She wore a <u>tradition</u> Japanese kimono.

11 It was a really <u>scare</u> moment.

자연과 환경

[12~19] 다음 빈칸에 알맞은 단어를 넣어, 이야기를 완성하세요.

The sun 12_____, making the river *sparkle. A bird makes a 13_____ in the 14_____, using 15_____ and **twigs. Butterflies dance around. What a beautiful 16_____! What can we do to keep it that way? Think twice before you 17_____ _____ trash; instead, 18_____ or recycle it. Don't 19_____ _____ trees; they're homes for animals and insects.

*sparkle: 반짝이다 **twig: (나무의) 잔가지

태양이 ¹²**빛나서** 강을 반짝이게 한다. 새는 ¹⁵**뿌리들**과 잔가지들을 이용해서 ¹⁴**그늘**에 ¹³**둥지**를 만든다. 나비들이 빙 둘러 춤을 춘다. 정말 아름다운 ¹⁶**풍경**이다! 계속 이렇게 유지하기 위해 우리는 무엇을 할 수 있을까? 당신이 쓰레기를 ¹⁷**버리기** 전에 다시 한번 생각해보라. 대신에, 그것을 ¹⁸**재사용하거나** 재활용하라. 나무들을 ¹⁹**베지** 마라. 그것들은 동물들과 곤충들의 집이다.

DAY 10 • 049

REVIEW TEST DAY 06~10

A 덩어리 표현 우리말에 맞게 빈칸을 채워 핵심 표현을 완성하세요.

01 _____ _____ that you will win a prize 네가 상을 받을 것이 아주 확실한

02 explore the _____ of a ninth-century _____ 9세기 사원이 있던 장소를 답사하다

03 _____ a _____ insect in a locker 사물함에서 죽은 벌레를 발견하다

04 the sun is the main _____ of _____ on planet Earth 태양은 지구열의 주요 원천이다

05 get an _____ in a _____ contest 시 콘테스트에서 상을 받다

06 _____ find a _____ place to hike 마침내 하이킹하기에 완벽한 장소를 찾다

07 _____ describe what _____ happened 실제로 무슨 일이 일어났는지 명확하게 설명하다

08 _____ a wild _____ 야생의 모험을 경험하다

09 _____ _____ for a moment 잠시 깊게 숨을 쉬다

10 _____ _____ in Western culture 서양 문화에 관심이 있는 것 같다

11 develop _____ _____ skills 외국어 능력을 키우다

12 make a _____ as an _____ 우주 비행사로 먹고 살다[생활비를 벌다]

13 can't imagine life _____ _____ 전기 없는 삶을 상상할 수 없다

14 smoke rises _____ the _____ 연기가 천장 쪽으로 올라가다

15 Will the human _____ go to _____ later? 인간의 영혼은 나중에 천국에 갈까?

16 _____ an awful aircraft _____ 끔찍한 비행기 추락 사고에서 살아남다

17 the _____ of _____ for the interview 면접의 토론 주제

18 _____ such _____ movies 그런 무서운 영화를 싫어하다

19 borrow a _____ _____ for an event 행사를 위해 전통 의상을 빌리다

20 _____ a _____ to a message 메시지에 대한 답장을 기다리다

B 주제별 어휘   우리말에 맞게 빈칸을 채워 문장을 완성하세요.

문학과 예술

01 This book is wonderfully _____.
이 책은 놀랍도록 창의적이다.

02 There are some _____ characters.
웃기는 등장인물들이 몇몇 있다.

03 _____ _____ this book, if you get the chance.
만약 기회가 된다면, 이 책을 훑어보라.

대화와 토론

04 They had to _____ on a _____ for their school project.
그들은 학교 프로젝트를 위한 주제에 대해 결정해야 했다.

05 Let's _____ this in a friendly way.
사이 좋게 이것을 의논하자.

06 Shall we choose something _____?
뭔가 다른 것을 선택할까?

축하와 행사

07 It is _____ with colorful ribbons.
그것은 형형색색의 리본으로 장식되어 있다.

08 They buy candy sticks _____ in shiny paper.
그들은 반짝이는 종이에 싸인 막대사탕을 산다.

09 Everyone loves the history and _____ of this wonderful event!
모두가 이 멋진 행사의 역사와 전통을 사랑한다!

감정

10 He was _____ to be back, but also a little bit _____.
그는 돌아오게 되어 흥분됐지만, 동시에 약간 긴장됐다.

11 It _____ _____ _____ memories.
그것이 쓰라린 기억들을 떠올리게 했다.

12 They seemed _____ to see him.
그들은 그를 만나서 기뻐하는 것처럼 보였다.

자연과 환경

13 The sun _____, making the river sparkle.
태양이 빛나서 강을 반짝이게 한다.

14 Think twice before you _____ _____ trash.
쓰레기를 버리기 전에 다시 한번 생각해보라.

15 Don't _____ _____ trees.
나무들을 베지 마라.

DAY 01~10 CUMULATIVE TEST

[01~30] 다음 단어의 뜻을 쓰세요.

01 bite
02 fail
03 bend
04 courage
05 ordinary
06 guard
07 escape
08 loudly
09 cough
10 stare
11 own
12 unique
13 common
14 against
15 cancel
16 discover
17 heat
18 creative
19 award
20 relax
21 describe
22 deeply
23 foreign
24 wrap
25 rise
26 soul
27 crash
28 discussion
29 violent
30 expect

[31~40] 다음 뜻을 가진 단어를 쓰세요.

31 법, 법률
32 칭찬, 찬사; 칭찬하다
33 교도소, 감옥
34 무례한, 예의 없는
35 외로운, 쓸쓸한
36 행성
37 모험
38 숨을 쉬다, 호흡하다
39 살아남다, 생존하다
40 빌리다

[41~45] 다음 숙어의 뜻을 쓰세요.

41 be covered with
42 write down
43 for sure
44 stop by
45 throw away

Know More

미국 영어 vs. 영국 영어 1

단어 편

같은 뜻이지만 다른 단어를 사용하는 미국 영어와 영국 영어를 살펴볼까요?

🇺🇸 **soccer**
🇬🇧 **football**
축구

🇺🇸 **apartment**
🇬🇧 **flat**
아파트

🇺🇸 **pants**
🇬🇧 **trousers**
바지

🇺🇸 **trunk**
🇬🇧 **boot**
트렁크

🇺🇸 **sneakers**
🇬🇧 **trainers**
운동화

🇺🇸 **elevator**
🇬🇧 **lift**
엘리베이터

🇺🇸 **sweater**
🇬🇧 **jumper**
스웨터

🇺🇸 **truck**
🇬🇧 **lorry**
트럭

🇺🇸 **subway**
🇬🇧 **underground/tube**
지하철

DAY 11

>> **the general opinion about early education** 조기 교육에 대한 보편적 생각

241 general
[dʒénərəl]

형 일반[보편/전반]적인
The **general** feeling is that he made a big mistake.
전반적인 느낌은 그가 큰 실수를 했다는 것이다.
generally 부 일반적으로, 대체로; 보통

242 opinion
[əpínjən]

명 의견[견해/생각] 유 view
Everyone had a different **opinion**. 모두가 서로 다른 의견을 갖고 있었다.
In my **opinion**, the law should be changed. 내 생각에, 법이 바뀌어야 한다.

243 education
[èdʒukéiʃən]

명 교육
All parents want a good **education** for their children.
모든 부모들은 자녀들을 위한 좋은 교육을 원한다.
educate 동 교육하다   **educational** 형 교육의, 교육적인

>> **a neat pile of magazines/folded clothes** 깔끔하게 쌓아 둔 잡지들/개어 놓은 옷들

244 neat
[niːt]

형 정돈된, 깔끔한 반 messy
He keeps his room **neat** and clean. 그는 자신의 방을 정돈되고 깨끗하게 유지한다.

245 pile
[pail]

명 더미, 쌓아 놓은 것
There is a huge **pile** of garbage on the beach.
해변에 거대한 쓰레기 더미가 있다.
a **pile** of wood 장작 더미

246 magazine
[mǽɡəzíːn]

명 잡지
She read an interview with the actor in a **magazine**.
그녀는 잡지에서 그 배우와의 인터뷰 기사를 읽었다.
a fashion/women's **magazine** 패션/여성 잡지

247 fold
[fould]

동 1 접다 반 unfold 2 (손·팔 등을) 끼다 유 cross
Fold the paper in half. 그 종이를 반으로 접어라.
He **folded** his arms. 그는 팔짱을 꼈다.

▶▶ disagree with the court's decision 법원의 결정에 동의하지 않는다

248 disagree
[dìsəgríː]

동 동의하지 않다, 의견이 다르다 반 agree

I **disagree** with you about that matter. 그 문제에 대해 나는 너와 의견이 다르다.

249 court
[kɔːrt]

명 1 법정, 법원 2 (테니스 등의) 코트

They took the company to **court**.
그들은 그 회사를 법정에 데려갔다[그들은 그 회사를 고소했다].

The center has a basketball **court**. 그 센터에는 농구 코트가 있다.

250 decision
[disíʒən]

명 결정, 판단

You need to make a wise **decision** for your future.
너는 너의 미래를 위해 현명한 결정을 내릴 필요가 있다.

Plus+ · make a decision 결정하다
decide 동 결정하다, 결심하다

▶▶ friendship is especially important for teens 우정은 10대들에게 특히 중요하다

251 friendship
[fréndʃip]

명 우정; 친교, 친밀함

Our **friendship** started after we met at college.
우리의 우정은 우리가 대학에서 만난 후로 시작되었다.

252 especially
[ispéʃəli]

부 특히, 특별히

I don't like long walks, **especially** in winter.
나는 오래 걷는 것을 좋아하지 않는데, 특히 겨울에 그렇다.

253 important
[impɔ́ːrtənt]

형 중요한

Happiness is more **important** than money. 행복은 돈보다 더 중요하다.
importance 명 중요성

254 teen
[tiːn]

명 (-s) 10대 동 teenager 형 10대의 동 teenage

Diets can be dangerous for **teens**. 다이어트는 10대들에게 위험할 수 있다.
Justin was a **teen** pop star. 저스틴은 10대 팝스타였다.

255 youth
[juːθ]

명 1 젊은 시절; 젊음
2 [집합적] (the ~) 젊은이, 청년

He was an actor in his **youth**.
그는 젊은 시절에 배우였다.

young 형 어린, 젊은

Word Link
서구권에서 teen은 '나이가 13~19세인 사람'을, youth는 '18~24세의 끝자락 나이대'를 말해요.

주제: 외모와 성격

256 beauty [bjúːti]
명 1 아름다움, 미(美) 2 미인
Many men wonder at her **beauty**. 많은 남자들이 그녀의 아름다움에 놀란다.
My mother was a **beauty** in her youth. 우리 엄마는 젊은 시절에 미인이었다.
beautiful 형 아름다운

257 beard [biərd]
명 턱수염
He is growing a **beard**. 그는 턱수염을 기르는 중이다.
참고 mustache 콧수염

258 curly [kə́ːrli]
형 곱슬곱슬한 ↔ straight
She has **curly** hair and brown eyes. 그는 곱슬머리에 갈색 눈을 가지고 있다.
curl 동 곱슬곱슬하다[하게 만들다] 명 곱슬머리

259 shiny [ʃáini]
형 빛나는, 반짝거리는
The man is wearing **shiny** black shoes. 그 남자는 반짝이는 검정색 구두를 신고 있다.
shine 동 빛나다, 반짝이다

260 clever [klévər]
형 1 영리한 = smart, bright 2 기발한
The **clever** girl always asks interesting questions.
그 영리한 소녀는 늘 흥미로운 질문을 한다.
have a **clever** idea 기발한 생각을 가지다

261 jealous [dʒéləs]
형 질투가 많은; 시기하는 ((of))
He is **jealous** of my new bike. 그는 나의 새 자전거를 질투한다.
jealousy 명 질투[시기](심)

262 golden [góuldən]
형 금빛의, 황금색의
Her **golden** hair looks beautiful. 그녀의 황금색 머리칼은 아름다워 보인다.
gold 명 금 형 금으로 만든; 금빛의

263 look like
1 ~처럼 보이다, ~와 닮다 2 ~할 것 같다
The boy **looks like** his father. 그 소년은 그의 아버지와 닮았다.
It **looks like** rain today. Wear a raincoat! 오늘 비가 올 것 같아. 우비를 입어!

264 be famous for
~로 유명하다
She **is famous for** her great fashion sense.
그녀는 뛰어난 패션 감각으로 유명하다.

DAILY TEST

정답 p.150

[01~12] 영어는 우리말로, 우리말은 영어로 쓰세요.

01 disagree _____
02 friendship _____
03 magazine _____
04 opinion _____
05 youth _____
06 fold _____

07 10대; 10대의 _____
08 특히, 특별히 _____
09 법정, 법원; (테니스 등의) 코트 _____
10 턱수염 _____
11 정돈된, 깔끔한 _____
12 곱슬곱슬한 _____

[13~17] 다음 괄호 안에서 알맞은 말을 고르세요.

13 You need to make a wise (decide / decision) for your future.

14 The (general / generally) feeling is that he made a big mistake.

15 Happiness is more (important / importance) than money.

16 All parents want a good (educate / education) for their children.

17 He was an actor in his (youth / young).

외모와 성격

[18~25] 다음 빈칸에 알맞은 단어를 넣어, 이야기를 완성하세요.

Do you know who Meghan Markle and Prince Harry are? Handsome Harry has 18_____, 19_____ hair and a 20_____. He is 21_____ _____ leaving the British royal family. He wants to live quietly with Meghan in America. Meghan is such a 22_____! She has long, 23_____ hair and 24_____ _____ a movie star. She is very 25_____, and works for charities all around the world.

당신은 메건 마클과 해리 왕자가 누군지 아시나요? 잘생긴 해리는 18**곱슬곱슬한** 19**황금색**의 머리카락과 20**턱수염**을 갖고 있어요. 그는 영국 왕실을 떠난 21**것으로 유명해요**. 그는 메건과 함께 미국에서 조용히 살기를 원해요. 메건은 정말 22**미인**이에요! 그녀는 길고 23**빛나는** 머리카락을 갖고 있으며 24**영화배우처럼 보여요**. 그녀는 매우 25**똑똑하며**, 전 세계의 자선 단체에서 일하고 있어요.

DAY 12

>> **protect/harm** the **environment** 환경을 보호하다/해치다

265 protect
[prətékt]

동 보호하다, 지키다
Our house **protects** us from heat and cold.
우리의 집은 더위와 추위로부터 우리를 보호해준다.

protection 명 보호

266 harm
[ha:rm]

동 해치다, 상하게 하다 명 해, 손해
Too much sun can **harm** the skin. 너무 많은 햇볕은 피부를 해칠 수 있다.
do more **harm** than good 득보다 해가 많다

harmful 형 해로운

267 environment
[inváirənmənt]

명 1 (주변의) 환경 2 (the ~) 자연 환경
I grew up in a loving **environment**. 나는 사랑이 넘치는 환경에서 자랐다.
Plastic is bad for the **environment**. 플라스틱은 환경에 나쁘다.

>> **cycle** along an **awesome southern coast** 멋진 남부 해안을 따라 자전거를 타다

268 cycle
[sáikl]

동 자전거를 타다 명 순환
He usually **cycles** home. 그는 보통 자전거를 타고 집으로 간다.
the **cycle** of the seasons 계절의 순환

269 awesome
[ɔ́:səm]

형 굉장한, 아주 멋진
The mountain scenery was **awesome**. 그 산의 경치는 굉장했다.

270 southern
[sʌ́ðərn]

형 남쪽의, 남쪽에 있는
We traveled around the **southern** part of Europe last summer.
우리는 지난 여름에 유럽 남부를 여행했다.

south 명 남쪽 형 남쪽의

271 coast
[koust]

명 해안, 연안
In the summer, the **coast** is very crowded.
여름에, 그 해안은 매우 붐빈다.

» a virus spreads quickly across the nation 바이러스가 전국으로 빠르게 퍼지다

272 virus [váiərəs]
명 1 바이러스; 바이러스성 질환 2 (컴퓨터) 바이러스
The flu is caused by a **virus**. 독감은 바이러스에 의해 야기된다.
a new kind of computer **virus** 신종 컴퓨터 바이러스

273 spread [spred]
동 (spread-spread) 1 펴다; (팔 등을) 벌리다 2 퍼지다; 퍼뜨리다
The bird **spread** its wings. 새가 날개를 폈다.
Flies **spread** diseases. 파리들은 질병을 퍼뜨린다.

274 quickly [kwíkli]
부 빨리, 빠르게 반 slowly
Time passes so **quickly**. 시간이 너무 빨리 지나간다.
quick 형 빠른, 신속한

275 nation [néiʃən]
명 국가, 나라 유 country
India is one of the largest **nations** in the world.
인도는 세계에서 가장 큰 국가들 중 하나다.
national 형 국가의, 국가적인; 국립의, 국영의

» accept your advice/invitation 너의 조언을/초대를 받아들이다

276 accept [æksépt]
동 받아들이다, 수락하다
She **accepted** the job offer. 그녀는 일자리 제안을 수락했다.
acceptance 명 받아들임[수락]

277 advice [ædváis]
명 조언, 충고
Let me give you some **advice** on saving money.
제가 저축에 대한 몇 가지 충고를 드리죠.
advise 동 조언하다, 충고하다

278 advise [ædváiz]
동 조언하다, 충고하다
The doctor **advised** him to lose weight.
그 의사는 그에게 살을 빼라고 충고했다.
advice 명 조언, 충고

> **Word Link**
> advise는 advice의 동사형으로, 모양이 비슷해 시험에도 자주 출제되는 단어예요.

279 invitation [ìnvitéiʃən]
명 1 초대 2 초대장
Thanks for the **invitation** to your party. 파티에 초대해줘서 고마워요.
receive/send an **invitation** 초대장을 받다/보내다
invite 동 초대[초청]하다

DAY 12

주제: 과학과 기술

280 magnet [mǽgnit]
명 자석
A **magnet** is a piece of metal. 자석은 금속 조각이다.

281 code [koud]
명 암호, 부호
They failed to break the secret **code**. 그들은 그 비밀 암호를 풀지 못했다.

282 invent [invént]
동 발명하다, 창안하다
Television was **invented** in the 1920s. 텔레비전은 1920년대에 발명되었다.
inventor 명 발명가   invention 명 발명품; 발명

283 invention [invénʃən]
명 발명품; 발명
The washing machine is a wonderful **invention**. 세탁기는 기막힌 발명품이다.
invent 동 발명하다, 창안하다

Word Link
invent(발명하다) + 명사형 접미사 -ion(행위, 성질, 상태) → invention(발명품, 발명)

284 connect [kənékt]
동 1 연결하다; 접속하다 ((to)) 2 관련시키다 ((with))
Connect the printer to the computer. 프린터를 컴퓨터에 연결하라.
connect to the Internet 인터넷에 접속하다
jobs **connected** with IT 정보통신(IT)과 관련된 직업들
connection 명 연결, 접속; 관련성

285 stage [steidʒ]
명 1 단계, 시기 2 무대
The machine is at the design **stage**. 그 기계는 디자인 단계에 있다.
appear on **stage** 무대에 등장하다

286 experiment [ikspérəmənt]
명 실험 동 실험하다
We did some **experiments** with magnets. 우리는 자석으로 몇 가지 실험을 했다.
experiment on animals 동물들을 대상으로 실험하다

287 make it
1 성공하다, 해내다 2 시간 맞춰 가다 ((to))
He finally **made it** as a scientist. 그는 마침내 과학자로서 성공했다.
I'm sorry I couldn't **make it** to the meeting.
내가 회의에 시간 맞춰 갈 수 없었던 것에 대해 미안합니다.

288 thanks to
~덕분에[때문에]
Thanks to cars, we can go anywhere quickly.
자동차 덕분에, 우리는 어디든 빨리 갈 수 있다.

DAILY TEST

정답 p.150

[01~07] 다음 우리말과 같은 뜻이 되도록 빈칸에 알맞은 단어를 쓰세요.

01 유럽 남부   the _____ part of Europe

02 득보다 해가 많다   do more _____ than good

03 신종 컴퓨터 바이러스   a new kind of computer _____

04 계절의 순환   the _____ of the seasons

05 무대에 등장하다   appear on _____

06 환경에 나쁜   bad for the _____

07 동물을 대상으로 실험하다 _____ on animals

[08~10] 다음 괄호 안의 단어를 문맥에 맞게 알맞은 형태로 바꾸어 빈칸에 쓰세요.

08 Thanks for the _____ to your party. (invite)

09 Let me give you some _____ on saving money. (advise)

10 The washing machine is a wonderful _____. (invent)

과학과 기술

[11~16] 다음 빈칸에 알맞은 단어를 넣어, 이야기를 완성하세요.

In the Second World War, Alan Turing 11_____ with computers. He 12_____ a machine called the Bombe. The Germans wanted to attack British warships. The Bombe quickly broke German 13_____. The British found out many German secrets by using the Bombe. They stopped lots of attacks on ships. It was still difficult for Turing to break the codes in time, but he 14_____ _____! 15_____ _____ his 16_____, many lives were saved.

제2차 세계대전에서, 앨런 튜링은 컴퓨터들을 가지고 11**실험을 했다**. 그는 '봄브'라고 불리는 기계를 12**발명했다**. 독일군은 영국 군함을 공격하기를 원했다. 봄브는 독일의 13**암호들을** 빠르게 해독했다. 영국인은 봄브를 사용하여 독일의 많은 비밀들을 알아냈다. 그들은 선박에 대한 많은 공격을 중지시켰다. 튜링이 제때 암호를 해독하는 것은 여전히 어려웠지만, 그는 14**해냈다**! 그의 16**발명품** 15**덕분에**, 많은 이들이 목숨을 건졌다.

DAY 13

>> **divide** the **total amount** by three 총액을 3으로 나누다

289 **divide** [diváid]
동 나누다, 분배하다
We **divided** the cake into six pieces. 우리는 케이크를 여섯 조각으로 나눴다.
divide something in half 무언가를 이등분하다
division 명 분할, 분배

290 **total** [tóutl]
명 합계, 총액 형 총, 전체의
We spent a **total** of fifty dollars at the store. 우리는 그 가게에서 총 50달러를 썼다.
the **total** cost 총 비용

291 **amount** [əmáunt]
명 1 (무엇의) 양 2 (돈의) 액수
Add the right **amount** of salt. 적당한 양의 소금을 넣어라.
pay a small **amount** of money 적은 액수의 돈을 지불하다

>> **fantastic scenery** on the **eastern shore** 동쪽 해안의 환상적인 풍경

292 **fantastic** [fæntǽstik]
형 멋진, 환상적인 유 wonderful, excellent
That's **fantastic** news! 그것은 너무 좋은 소식이야!
You look **fantastic** in that dress! 너 그 드레스 입으니 환상적이야!

293 **scenery** [síːnəri]
명 경치, 풍경
We enjoyed the **scenery** around the lake. 우리는 그 호수 주변의 풍경을 즐겼다.

294 **eastern** [íːstərn]
형 동쪽의, 동쪽에 있는
The **eastern** sky turned bright. 동쪽의 하늘이 밝아졌다.
east 명 동쪽 형 동쪽의

295 **shore** [ʃɔːr]
명 (바다·호수 등의) 물가, 해안
There is a house on the **shore** of the lake.
그 호숫가에 집이 한 채 있다.
We collected shells along the **shore**.
우리는 그 해안을 따라 조개껍데기를 주웠다.

» a friendly/cheerful/bold personality 다정한/쾌활한/대담한 성격

296 friendly [fréndli]
형 다정한, 친절한
My new neighbors are very **friendly**. 나의 새 이웃들은 매우 친절하다.

297 cheerful [tʃíərfəl]
형 발랄한, 쾌활한
She greeted us with a **cheerful** smile.
그녀는 발랄한 미소로 우리를 맞이했다.
a **cheerful** voice 쾌활한 목소리

298 bold [bould]
형 대담한, 용감한 ⓤ brave
He left his job. It was a **bold** decision.
그는 직장을 떠났다. 그것은 대담한 결정이었다.

299 personality [pə̀ːrsənǽləti]
명 1 성격, 인격 2 개성
We all have different **personalities**. 우리는 모두 다른 성격을 가지고 있다.
have lots of/no **personality** 개성이 많다/없다

» follow several safety rules 몇 가지 안전 규칙을 준수하다

300 follow [fálou]
동 1 따라가다[오다]; ~의 다음에 오다 2 (충고 등을) 따르다
The dog **followed** us home. 그 개는 우리를 따라 집으로 들어왔다.
Spring **follows** winter. 봄은 겨울 다음에 온다.
follow a recipe 조리법을 따르다

301 several [sévərəl]
형 몇몇의
I called you **several** times yesterday. 나는 어제 너에게 몇 번이나 전화를 했다.
for **several** days 며칠간

302 safety [séifti]
명 안전
Wear a helmet for your own **safety**. 네 자신의 안전을 위해 헬멧을 써라.
safe 형 안전한

303 rule [ruːl]
명 규칙 동 지배[통치]하다
The **rules** of the game are simple.
그 게임의 규칙은 단순하다.
Henry VIII **ruled** England for 36 years.
헨리 8세는 36년간 잉글랜드를 통치했다.

주제 상태묘사

304 loose [luːs]
- 형 1 헐거운 2 헐렁한 반 tight
- This tooth feels very **loose**. 이 치아가 매우 흔들리는 느낌이다.
- wear **loose** pants 헐렁한 바지를 입다

305 blank [blæŋk]
- 형 공백의; (공간 등이) 빈 명 빈칸
- I need a **blank** sheet of paper. 나는 백지 한 장이 필요하다.
- a **blank** wall/space 빈 벽/공간
- fill in the **blanks** 빈칸들을 채우다

306 darkness [dáːrknis]
- 명 어둠, 깜깜함
- We were lost in the **darkness** of the cave.
- 우리는 깜깜한 동굴 속에서 길을 잃었다.
- dark 형 어두운; 짙은

307 surprised [sərpráizd]
- 형 놀란, 놀라는
- She seemed very **surprised** to see us. 그녀는 우리를 보고 매우 놀란 것 같았다.
- surprise 명 뜻밖의[놀라운] 일 동 놀라게 하다   surprising 형 놀라운

308 possible [pásəbl]
- 형 가능한; 있을 수 있는 반 impossible
- It is **possible** to walk to the town. 그 마을까지 걸어가는 것이 가능하다.
- Rain is **possible** today. 오늘 비가 올 수도 있다.
- possibility 명 가능성

309 healthy [hélθi]
- 형 1 건강한 반 sick, ill 2 건강에 좋은
- He looks **healthy** these days. 그는 요즘 건강해 보인다.
- a **healthy** diet 건강에 좋은 식사[건강식]
- health 명 건강

310 sleepy [slíːpi]
- 형 졸리는
- I always feel **sleepy** after lunch. 점심 먹은 후에 나는 항상 졸리다.
- sleep 동 자다 명 잠, 수면

311 upside down
- 거꾸로
- The painting is hung **upside down**. 그 그림은 거꾸로 걸려 있다.

312 all of a sudden
- 갑자기 유 suddenly
- **All of a sudden**, it started to rain. 갑자기 비가 오기 시작했다.

DAILY TEST

[01~06] 다음 단어들을 연결하여 어구를 완성하고 그 뜻을 쓰세요.

01 a bold   •   • ⓐ cost   뜻: _____
02 the total   •   • ⓑ a recipe   뜻: _____
03 follow   •   • ⓒ decision   뜻: _____
04 the eastern   •   • ⓓ space   뜻: _____
05 a cheerful   •   • ⓔ sky   뜻: _____
06 a blank   •   • ⓕ smile   뜻: _____

[07~09] 다음 빈칸에 알맞은 단어를 고르세요.

07 We enjoyed the _____ around the lake.
    ⓐ rule   ⓑ safety   ⓒ scenery   ⓓ personality

08 I called you _____ times yesterday.
    ⓐ friendly   ⓑ several   ⓒ fantastic   ⓓ sleepy

09 We collected shells along the _____.
    ⓐ shore   ⓑ scenery   ⓒ darkness   ⓓ safety

상태묘사

[10~17] 다음 빈칸에 알맞은 단어를 넣어, 이야기를 완성하세요.

Mr. Olsen's house was in 10_____. Fifteen plastic bats hung 11_____ _____ from his porch roof. "Trick or treat!" called Oliver. 12_____ _____ a _____, the door opened. Oliver and I were 13_____ to see Mr. Olsen, dressed in 14_____ pajamas. He looked a little 15_____. "No treats here," he said. He handed me a 16_____ envelope. "Have a 17_____ Halloween," read the paper inside. "Take an apple from my bucket and GO AWAY."

올슨 씨의 집은 10**어둠** 속에 있었다. 그의 현관 지붕에는 15개의 플라스틱 박쥐가 11**거꾸로** 매달려 있었다. "과자를 안 주면 장난칠 거예요!"라고 올리버가 외쳤다. 12**갑자기** 문이 열렸다. 올리버와 나는 14**헐렁한** 잠옷 차림의 올슨 씨를 보고 13**놀랐다**. 그는 조금 15**졸려** 보였다. "여기에 과자는 없어"라고 그가 말했다. 그는 나에게 16**백지의** 봉투를 건네 주었다."17**건강한** 할로윈 보내라"라고 안에 있는 종이에 적혀 있었다. "내 양동이에서 사과 하나 갖고 썩 꺼져."

DAY 14

>> **act** a **bit** like a **crazy** person 약간 정신 나간 사람처럼 행동하다

313 act
[ækt]

통 1 행동하다 2 연기하다   명 행동
He is **acting** strangely today. 오늘따라 그는 이상하게 행동하고 있다.
She **acted** in the school play. 그녀는 학교 연극에서 연기했다.

action 명 행동, 조치; 동작

314 bit
[bit]

명 작은 조각 ⊕ piece   부 (a bit) 조금, 약간 ⊕ a little
The cup broke into little **bits**. 컵이 깨져 산산조각이 났다.
These pants are a **bit** long. 이 바지는 조금 길다.

315 crazy
[kréizi]

형 1 미친, 제정신이 아닌 2 열광하는
You're **crazy** to lend him all that money.
그 돈을 모두 그에게 빌려주다니 네가 제정신이 아니구나.
Eric is **crazy** about soccer. 에릭은 축구에 푹 빠져 있다.

Plus+ · be crazy about ~에 푹 빠져 있다

>> **organize** a **cultural festival** for **foreigners** 외국인들을 위한 문화 축제를 조직하다

316 organize
[ɔ́ːrɡənàiz]

통 1 준비[조직]하다 2 정리하다
We helped **organize** the party. 우리는 파티 준비를 도왔다.
organize books by size 크기별로 책을 정리하다

organization 명 조직, 단체, 기구

317 cultural
[kʌ́ltʃərəl]

형 문화의, 문화적인
We should understand the **cultural** differences.
우리는 문화 차이를 이해해야 한다.

culture 명 문화

318 festival
[féstəvəl]

명 축제, 기념제
The film **festival** takes place in October. 그 영화제는 10월에 개최된다.

319 foreigner
[fɔ́ːrənər]

명 외국인
How many **foreigners** live in Seoul? 서울에는 얼마나 많은 외국인들이 사나요?

foreign 형 외국의

» special care for elderly people 노인들에 대한 특별한 보살핌

320 special [spéʃəl]

형 특별한, 특수한

There is something **special** about this restaurant.
이 식당에는 뭔가 특별한 점이 있다.

The clothes are made of **special** fabric. 그 옷은 특수한 직물로 만들어졌다.

321 care [kɛər]

명 1 돌봄, 보살핌 2 조심, 주의 동 신경 쓰다

They both take **care** of their children. 그들은 둘 다 자신의 아이들을 돌본다.
The roads are icy, so drive with **care**. 도로가 미끄러우니, 조심해서 운전해.
I don't **care** what he thinks. 그가 무슨 생각을 하든 난 신경 안 쓴다.

Plus+ · take care of ~을 돌보다

322 careless [kɛ́ərlis]

형 부주의한, 조심성 없는 반 careful

A **careless** driver causes an accident.
부주의한 운전자가 사고를 초래한다.

Word Link
care(조심, 주의) + 형용사형 접미사 -less(~이 없는) → 조심성이 없는, 부주의한

323 elderly [éldərli]

형 연세가 드신(old보다 정중한 표현)

These seats are for **elderly** people. 이 좌석들은 노인들을 위한 것이다.

» lean your upper body slightly forward 상반신을 약간 앞으로 숙이다

324 slightly [sláitli]

부 약간, 조금

She is **slightly** taller than me. 그녀는 나보다 약간 더 키가 크다.

slight 형 약간의, 조금의

325 lean [liːn]

동 1 기울다, (몸을) 숙이다 2 기대다

The tower is **leaning** dangerously.
그 탑은 위험하게 기울어져 있다.

lean against a wall 벽에 기대다

326 upper [ʌ́pər]

형 더 위의, 위에 있는 반 lower

The bottle is on the **upper** shelf. 그 병은 위쪽 선반에 있다.
the **upper** lip 윗입술

327 forward [fɔ́ːrwərd]

부 앞으로, 앞쪽으로 반 backward

He took two steps **forward**. 그가 앞으로 두 걸음을 뗐다.
go **forward** 앞쪽으로 가다[전진하다]

주제 학교생활

328 cheat [tʃiːt]
동 부정행위를 하다, 속이다
It's wrong to **cheat** on tests. 시험에서 부정행위를 하는 것은 나쁘다.

329 absent [ǽbsənt]
형 1 결석한, 결근한 ((from)) 반 present 2 없는, 결여된 ((in)) 반 present
The student is regularly **absent** from school. 그 학생은 자주 학교에 결석한다.
Creativity is **absent** in education. 교육에 창의성이 결여되어 있다.
absence 명 결석, 결근; 없음

330 control [kəntróul]
명 통제(력) 동 통제하다
A good teacher has **control** of the classroom. 훌륭한 선생님은 교실을 제어한다.
Teenagers are hard to **control**. 십 대들은 통제하기 어렵다.
Plus+ · have control of ~을 제어하다

331 focus [fóukəs]
동 집중하다[시키다] ((on)) 명 초점
You need to **focus** more on your studies. 너는 네 공부에 좀 더 집중해야 한다.
the main **focus** of discussion 토론의 주된 초점

332 skip [skip]
동 1 (일 등을) 거르다 2 건너뛰다, 생략하다
He hasn't **skipped** class once. 그는 수업에 빠지는 일이 한 번도 없었다.
Let's **skip** Lesson 10. 10과는 건너뛰자.

333 result [rizʌ́lt]
명 결과 동 (~의 결과로) 발생하다[생기다] ((from))
Good grades are the **result** of hard work. 좋은 성적은 노력의 결과이다.
problems **resulting** from school violence 학교 폭력으로 인해 생기는 문제

334 challenge [tʃǽlindʒ]
명 도전, 난제 동 도전하다
Math is a **challenge** for many students. 수학은 많은 학생들에게 난제이다.
challenge the world record 세계 기록에 도전하다

335 be over
끝나다
School **is over** at 1 p.m. on Fridays. 금요일에는 학교가 오후 1시에 끝난다.

336 take part in
~에 참가[참여]하다 ≒ participate in
Many students **took part in** the summer camp this year.
올해 많은 학생들이 여름 캠프에 참가했다.

DAILY TEST

정답 p.150

[01~12] 영어는 우리말로, 우리말은 영어로 쓰세요.

01 crazy _____
02 cheat _____
03 lean _____
04 control _____
05 care _____
06 result _____

07 축제, 기념제 _____
08 연세가 드신 _____
09 도전, 난제; 도전하다 _____
10 작은 조각; 조금, 약간 _____
11 특별한, 특수한 _____
12 부주의한, 조심성 없는 _____

[13~16] 다음 짝지어진 두 단어의 관계가 같도록 빈칸에 알맞은 단어를 쓰세요.

13 _____ : culture = absent : absence
14 upper : lower = _____ : backward
15 _____ : organization = act : action
16 careful : _____ = absent : present

학교생활
[17~23] 다음 빈칸에 알맞은 단어를 넣어, 대화를 완성하세요.

A: Why isn't Lily in school? She's been ¹⁷_____ for weeks.
B: Didn't you hear? She ¹⁸_____ on her math exam. Her ¹⁹_____ was too good for someone who had skipped so many classes.
A: Math was always a ²⁰_____ for her.
B: Her chances of being class president are ²¹_____, then. She can't ²²_____ _____ the election now.
A: Yes. Now she needs to ²³_____ on her studies, for sure.

A: 왜 릴리는 학교에 없어? 릴리는 몇 주 동안 ¹⁷**결석**을 했어.
B: 못 들었어? 그녀는 수학 시험에서 ¹⁸**부정행위를 했어**. 그녀의 ¹⁹(시험) **결과**는 수업을 많이 빼먹은 사람 치고는 너무 좋았지.
A: 수학은 그녀에게 늘 ²⁰**난제**였어.
B: 그럼, 그녀가 반장이 될 기회는 ²¹**끝났군**. 그녀는 이제 선거에 ²²**참여할 수 없으니까**.
A: 맞아. 당연히, 이제 그녀는 학업에 ²³**집중할** 필요가 있어.

DAY 15

>> **inform** us of the **exact** time of his **arrival** 그의 정확한 도착 시간을 우리에게 알리다

---

337 inform
[infɔ́:rm]

동 알리다, 통지하다

They **informed** the police of the accident. 그들은 그 사고에 대해 경찰에 알렸다.

Plus+ · inform A of B A에게 B를 알리다

---

338 exact
[igzǽkt]

형 정확한, 정밀한

I don't know the **exact** number, but it was a lot.
나는 정확한 수는 모르지만, 많긴 했다.

exactly 부 정확히, 꼭

---

339 arrival
[əráivəl]

명 도착

He waited for my **arrival** at the airport. 그는 공항에서 나의 도착을 기다렸다.

arrive 동 도착하다

>> a **proud** and **powerful national army** 자랑스럽고 강력한 국군

---

340 proud
[praud]

형 1 자랑스러워하는, 자랑스러운 2 거만한 반 humble

I am **proud** of my good grades. 나는 내 좋은 성적이 자랑스럽다.
The **proud** man never says sorry. 그 거만한 남자는 절대 미안하다고 말하지 않는다.

Plus+ · be proud of ~에 대해 자랑스러워하다

pride 명 자랑스러움, 자부심; 자존심; 자만심

---

341 powerful
[páuərfəl]

형 1 영향력 있는 2 강력한; 효과적인

The woman is rich and **powerful**. 그 여성은 부유하고 영향력이 있다.
This car has a **powerful** engine. 이 차는 강력한 엔진을 갖고 있다.

power 명 힘, 능력; 동력, 에너지

---

342 national
[nǽʃnl]

형 1 국가의, 국가적인 2 국립의, 국영의

We don't work on **national** holidays. 우리는 국경일에 일하지 않는다.
a **national** museum/park 국립 박물관/공원

nation 명 국가, 나라

---

343 army
[á:rmi]

명 군대, 육군

At 18, he decided to join the **army**. 18세 때, 그는 군 입대를 결심했다.

» express anger/delight/fear 분노를/기쁨을/두려움을 표현하다

344 express
[iksprés]

동 나타내다, 표현하다

She **expressed** an interest in music. 그녀는 음악에 대한 관심을 나타냈다.

expression 명 표현; 표정

---

345 anger
[ǽŋɡər]

명 화, 분노

Her face was filled with **anger**. 그녀의 얼굴은 분노로 가득 찼다.

angry 형 화난

---

346 delight
[diláit]

명 기쁨, 즐거움 ↔ pleasure   동 기쁘게 하다 ↔ please

The children screamed with **delight**. 그 아이들은 기뻐서 소리를 질렀다.
Peter's success **delighted** his family. 피터의 성공은 그의 가족들을 기쁘게 했다.

delightful 형 정말 기분 좋은[마음에 드는]

---

347 fear
[fiər]

명 두려움, 공포   동 두려워[무서워]하다

I have a **fear** of flying. 나는 비행 공포증이 있다.
fear to speak in front of people 사람들 앞에서 말하는 것을 두려워하다

» report on the situation in the war zone 전쟁 지역의 상황에 대해 보도하다

348 report
[ripɔ́ːrt]

명 보고(서) 동 1 보고하다 2 보도하다

Did you hand in your **report** yet? 보고서를 이미 제출했나요?
His job is to **report** the news. 그의 일은 뉴스를 보도하는 것이다.

reporter 명 기자, 리포터

---

349 situation
[sìtʃuéiʃən]

명 상황, 처지

We are in a difficult **situation**. 우리는 힘든 상황[곤경]에 처해 있다.

---

350 zone
[zoun]

명 지역, 구역 ↔ area

The police told people to leave the danger **zone**.
경찰은 사람들에게 그 위험 지역을 떠나라고 말했다.

---

351 peace
[piːs]

명 평화, 평화로움

After years of war, the people want to live in **peace**. 수년간의 전쟁 후, 국민들은 평화롭게 살기를 원한다.

peaceful 형 평화로운; 평화적인

> **Word Link**
> '전쟁(war)'의 끝에는 '평화(peace)'가 찾아와요.

주제: 인체와 건강

352 weigh [wei]
동 무게가 ~이다; 무게를 달다
How much do you **weigh**? 당신은 체중이 얼마인가요?
weigh yourself 체중을 달다[재다]
weight 명 무게, 체중

353 height [hait]
명 높이; 키[신장]
It is almost ten meters in **height**. 그것은 높이가 거의 10미터이다.
The man's **height** is 2 meters. 그 남자의 키는 2미터이다.

354 position [pəzíʃən]
명 1 위치 2 자세
Let's change the **position** of the table. 테이블의 위치를 바꾸자.
Sit in a comfortable **position**. 편안한 자세로 앉아라.

355 fever [fíːvər]
명 (병으로 인한) 열
He stayed at home all day with a **fever**. 그는 열이 나서 하루 종일 집에 머물렀다.
have a slight/high **fever** 미열/고열이 있다

356 pill [pil]
명 알약
She took a **pill** for her headache.
그녀는 두통 때문에 알약을 먹었다.

357 diet [dáiət]
명 1 (일상적인) 식사 2 다이어트, 식이 요법
A healthy **diet** includes a lot of vegetables. 건강한 식사는 많은 채소를 포함한다.
lose weight through **diet** and exercise 식이요법과 운동으로 살을 빼다

358 heal [hiːl]
동 낫다; 낫게 하다
His broken leg **healed** quickly. 그의 부러진 다리는 금방 나았다.
heal sick people 병자들을 낫게 하다

359 lead to
~로 이어지다, ~을 초래하다
Eating too much sugar can **lead to** health problems.
설탕을 너무 많이 먹으면 건강 문제로 이어질 수 있다.

360 in case of
~의 경우에, ~이 발생할 시에
In case of an accident, call the ambulance.
사고 발생 시에, 구급차를 불러라.

DAILY TEST

정답 p.150

[01~06] 다음 단어들을 연결하여 어구를 완성하고 그 뜻을 쓰세요.

01 a powerful •   • ⓐ museum   뜻: _____
02 report •   • ⓑ the army   뜻: _____
03 a difficult •   • ⓒ of flying   뜻: _____
04 a national •   • ⓓ engine   뜻: _____
05 join •   • ⓔ the news   뜻: _____
06 a fear •   • ⓕ situation   뜻: _____

[07~08] 다음 짝지어진 단어의 관계가 나머지와 <u>다른</u> 하나를 고르세요.

07 ⓐ arrive – arrival   ⓑ weigh – weight
    ⓒ express – expression   ⓓ delight – delightful

08 ⓐ exact – exactly   ⓑ anger – angry
    ⓒ peace – peaceful   ⓓ pride – proud

인체와 건강

[09~15] 다음 빈칸에 알맞은 단어를 넣어, 대화를 완성하세요.

A: You're training too hard, Leo!
B: It's because I want to be a police officer. I must not 09_____ too much for my 10_____.
A: Just eat a healthy 11_____, then.
B: I do. These vitamin 12_____ help, too.
A: I'm worried that running so much will 13_____ _____ injury.
B: Don't worry – if I fall, I can call you 14_____ _____ _____ emergency. And any injuries will soon 15_____.

A: 레오야, 넌 너무 열심히 훈련하는구나!
B: 왜냐하면 난 경찰이 되고 싶기 때문이지. 나는 너무 많이 09**무게가 나가면** 안 돼, 내 10**키**에 비해.
A: 그럼 건강한 11**식사**를 해봐.
B: 그러고 있어. 이 비타민 12**알약**들도 도움이 돼.
A: 너무 많이 달리기를 하면 부상으로 13**이어질까** 걱정돼.
B: 걱정하지 마. 혹시 넘어지면, 비상 상황이 14**발생할 시에** 너에게 전화하면 되지. 그리고 어떤 부상들도 금방 15**나을 거야**.

DAY 15 • 073

REVIEW TEST DAY 11~15

정답 p.150

A 덩어리 표현 우리말에 맞게 빈칸을 채워 핵심 표현을 완성하세요.

01 the _____ opinion about early _____ 조기 교육에 대한 보편적 생각

02 a _____ pile of _____ clothes 깔끔하게 쌓아 둔 개어 놓은 옷들

03 disagree with the _____'s _____ 법원의 결정에 동의하지 않는다

04 friendship is _____ important for _____ 우정은 10대들에게 특히 중요하다

05 _____ the _____ 환경을 보호하다

06 _____ along an awesome southern _____ 멋진 남부 해안을 따라 자전거를 타다

07 a virus _____ _____ across the nation 바이러스가 전국으로 빠르게 퍼지다

08 _____ your _____ 너의 초대를 받아들이다

09 divide the _____ _____ by three 총액을 3으로 나누다

10 fantastic _____ on the eastern _____ 동쪽 해안의 환상적인 풍경

11 a _____ _____ 쾌활한 성격

12 _____ several _____ rules 몇 가지 안전 규칙을 준수하다

13 _____ a bit like a _____ person 약간 정신 나간 사람처럼 행동하다

14 _____ a _____ festival for foreigners 외국인들을 위한 문화 축제를 조직하다

15 _____ _____ for elderly people 노인들에 대한 특별한 보살핌

16 _____ your upper body _____ forward 상반신을 약간 앞으로 숙이다

17 _____ us of the _____ time of his arrival 그의 정확한 도착 시간을 우리에게 알리다

18 a _____ and powerful national _____ 자랑스럽고 강력한 국군

19 _____ _____ 분노를 표현하다

20 report on the _____ in the war _____ 전쟁 지역의 상황에 대해 보도하다

B 주제별 어휘 — 우리말에 맞게 빈칸을 채워 문장을 완성하세요.

외모와 성격

01 He has _____, _____ hair and a _____.
그는 곱슬곱슬한 황금색의 머리카락과 턱수염을 갖고 있다.

02 He is _____ _____ leaving the British royal family.
그는 영국 왕실을 떠난 것으로 유명하다.

03 She is such a _____!
그녀는 정말 미인이다!

과학과 기술

04 In the Second World War, Alan Turing _____ with computers.
제2차 세계대전에서, 앨런 튜링은 컴퓨터들을 가지고 실험을 했다.

05 The Bombe quickly broke German _____.
봄브는 독일의 암호들을 빠르게 해독했다.

06 _____ _____ his _____, many lives were saved.
그의 발명품 덕분에, 많은 이들이 목숨을 건졌다.

상태묘사

07 Fifteen plastic bats hung _____ _____ from his porch roof.
그의 현관 지붕에는 15개의 플라스틱 박쥐가 거꾸로 매달려 있었다.

08 We were _____ to see Mr. Olsen, dressed in _____ pajamas.
우리는 헐렁한 잠옷 차림의 올슨 씨를 보고 놀랐다.

09 He handed me a _____ envelope.
그는 나에게 백지의 봉투를 건네 주었다.

학교생활

10 She's been _____ for weeks.
그녀는 몇 주 동안 결석을 했다.

11 She _____ on her math exam.
그녀는 수학 시험에서 부정행위를 했다.

12 She can't _____ _____ _____ the election now.
그녀는 이제 선거에 참여할 수 없다.

인체와 건강

13 I must not _____ too much for my _____.
나는 내 키에 비해 너무 많이 무게가 나가서는 안 된다.

14 These vitamin _____ help, too.
이 비타민 알약들도 도움이 된다.

15 I can call you _____ _____ _____ emergency.
비상 상황이 발생할 시에 내가 너에게 전화할 수도 있다.

DAY 16

>> **able** to **communicate** through **gestures** 제스처를 통해 의사소통을 할 수 있는

361 able [éibl]
형 1 ~할 수 있는 (to-v) 2 능력 있는, 유능한
Cats are **able** to climb trees. 고양이는 나무에 오를 수 있다.
She is an **able** dancer. 그녀는 유능한 댄서이다.
ability 명 (~을) 할 수 있음, 능력

362 communicate [kəmjúːnəkèit]
동 연락을 주고받다, 의사소통을 하다
He **communicates** with us by email. 그는 우리와 이메일로 연락을 주고받는다.
They **communicate** in sign language. 그들은 수화로 의사소통을 한다.
communication 명 의사소통, 연락

363 gesture [dʒéstʃər]
명 1 몸짓, 제스처 2 의사 표현, 표시
He made a rude **gesture** with his finger. 그는 손가락으로 무례한 제스처를 취했다.
a **gesture** of friendship 우정의 표시

>> **return** the **lost item** to the **owner** 분실물을 주인에게 돌려주다

364 return [ritə́ːrn]
동 1 돌아오다[가다] 2 돌려주다, 반납하다 명 돌아옴[감]
I'm planning to **return** to Japan. 나는 일본으로 돌아갈 계획이다.
Don't forget to **return** my pen! 내 펜 잊지 말고 돌려줘!
the **return** of spring 봄이 다시 돌아옴[봄의 도래]

365 lost [lɔːst]
형 1 길을 잃은 2 잃어버린
We took a wrong turn and got **lost**. 우린 틀린 방향으로 돌아 길을 잃었다.
find a **lost** wallet 잃어버린 지갑을 찾다
lose 동 잃어버리다; (시합 등에서) 지다

366 item [áitəm]
명 (목록상의 개개) 항목; 물품[품목]
I have a list of four **items** to buy at the store.
나는 가게에서 사야 할 네 가지 항목의 리스트를 가지고 있다.

367 owner [óunər]
명 주인, 소유자
The store has a new **owner**. 그 가게에 새 주인이 있다[주인이 바뀌었다].
own 형 자기 자신의 동 소유하다

gather to celebrate a victory 승리를 축하하기 위해 모이다

368 gather [gǽðər]
동 모이다; 모으다
We **gathered** around the fire. 우리는 그 불 주변에 모였다.
The coach **gathered** his players together. 그 코치는 그의 선수들을 한데 모았다.

369 celebrate [séləbrèit]
동 축하하다, 기념하다
We **celebrated** his birthday with a big party.
우리는 성대한 파티로 그의 생일을 축하했다.
celebration 명 기념, 축하

370 parade [pəréid]
명 퍼레이드, 행진
The city has a Thanksgiving Day **parade** every year. 그 도시는 매년 추수감사절 퍼레이드를 연다.

> **Word Link**
> 축제나 축하 행사 등으로 많은 사람들이 거리를 화려하게 행진하는 것을 parade라고 해요.

371 victory [víktəri]
명 승리
Today we have won an important **victory**. 오늘 우리는 중요한 승리를 거뒀다.
an easy **victory** 쉽게 얻은 승리[낙승]

twins tend to behave alike 쌍둥이는 비슷하게 행동하는 경향이 있다

372 twin [twin]
명 (-s) 쌍둥이 형 쌍둥이의
Not all **twins** look the same. 모든 쌍둥이가 똑같이 생긴 것은 아니다.
a **twin** sister 쌍둥이 언니[누나/여동생]

373 tend [tend]
동 ~하는 경향이 있다, ~하기 쉽다 (to-v)
Women **tend** to live longer than men. 여성이 남성보다 더 오래 사는 경향이 있다.
tend to make mistakes 실수하기 쉽다

374 behave [bihéiv]
동 행동하다, 처신하다
Most students **behave** well at school. 대부분의 학생들은 학교에서 바르게 행동한다.
behavior 명 행동; 품행

375 alike [əláik]
형 비슷한 유 similar 부 비슷하게
The children all look very **alike**.
그 아이들은 모두 매우 비슷하게 생겼다.
They dress **alike**. 그들은 옷을 비슷하게 입는다.

주제 ▶ 자연

376 dew [duː]
명 이슬
The grass is wet with the morning **dew**. 풀이 아침 이슬에 젖어 있다.

377 wave [weiv]
명 파도, 물결 동 1 (손을) 흔들다 2 흔들리다; 흔들다
A strong storm caused huge **waves**. 강력한 폭풍이 거대한 파도를 일으켰다.
She **waved** at me from across the lake. 그녀는 호수 맞은편에서 내게 손을 흔들었다.
The flowers are **waving** in the wind. 꽃들이 바람에 흔들리고 있다.

378 float [flout]
동 1 (물에) 뜨다 반 sink 2 (공중에) 떠다니다
The leaves **floated** down the river. 나뭇잎들이 강물 위를 떠내려갔다.
Pigeon feathers **floated** around us. 비둘기 깃털이 우리 주변에 떠다녔다.

379 nature [néitʃər]
명 1 자연 2 천성, 본성
Go outside and enjoy **nature**! 밖으로 나가 자연을 즐겨봐!
It is the **nature** of a lion to hunt. 사냥하는 것은 사자의 천성이다.
by **nature** 선천[천성]적으로, 본래
natural 형 자연의, 천연의; 타고난; 당연한

380 freeze [friːz]
동 (froze-frozen) 얼다; 얼리다 반 melt
The lake often **freezes** in winter. 그 호수는 겨울에 종종 언다.
The cold weather **froze** the ground. 추운 날씨가 땅을 얼려 버렸다.

381 soil [sɔil]
명 토양, 흙
Roses grow well in a clay **soil**. 장미는 진흙 토양에서 잘 자란다.

382 flow [flou]
동 흐르다 명 흐름
Rivers **flow** into the ocean. 강은 바다로 흘러 들어간다.
the **flow** of the water 물의 흐름[물줄기]

383 be about to-v
막 ~하려는 참이다
The sun **is about to** rise. 해가 막 뜨려는 참이다.

384 give off
(열·냄새·빛 등을) 내다[풍기다/발하다]
The wood **gives off** a sweet smell as it burns.
그 목재는 불에 탈 때 달콤한 냄새를 풍긴다.

DAILY TEST

정답 p.150

[01~08] 다음 우리말과 같은 뜻이 되도록 빈칸에 알맞은 단어를 쓰세요.

01 잃어버린 지갑을 찾다   find a _____ wallet

02 우정의 표시   a _____ of friendship

03 쉽게 얻은 승리[낙승]   an easy _____

04 유능한 댄서   an _____ dancer

05 물의 흐름[물줄기]   the _____ of the water

06 쌍둥이 언니[누나/여동생]   a _____ sister

07 아침 이슬   the morning _____

08 실수하기 쉽다   _____ to make mistakes

[09~12] 다음 밑줄 친 부분을 문맥에 맞게 고쳐 쓰세요.

09 It is the <u>natural</u> of a lion to hunt.

10 The store has a new <u>own</u>.

11 Most students <u>behavior</u> well at school.

12 They <u>communication</u> in sign language.

자연

[13~20] 다음 빈칸에 알맞은 단어를 넣어, 이야기를 완성하세요.

Early in the morning, ¹³_____ covered the grass. The wind made the flowers ¹⁴_____ and ¹⁵_____ in the air. ¹⁶_____'s magic was everywhere! As the day got colder, the dew started to ¹⁷_____. The ¹⁸_____ sparkled like crystals. The frozen dew seemed to ¹⁹_____ _____ a special light. It felt like the whole world was ²⁰_____ _____ turn into a winter wonderland!

이른 아침에 ¹³**이슬**이 잔디를 덮었다. 바람은 꽃들을 공중에 ¹⁴**떠다니고** ¹⁵**흔들리게** 했다. ¹⁶**자연**의 마법은 어디에나 있었다! 날이 더 추워질수록, 이슬은 ¹⁷**얼기** 시작했다. ¹⁸**흙**은 수정처럼 반짝였다. 얼어붙은 이슬이 특별한 빛을 ¹⁹**발하는** 것 같았다. 온 세상이 겨울 동화나라로 ²⁰**막 변하려는** 참이었다!

DAY 17

>> **allow freedom of expression** 표현의 자유를 허락하다

385 allow [əláu]
동 허락하다, 용납하다 반 prohibit
They don't **allow** students to use cell phones in class.
그들은 학생들이 수업 중에 휴대폰을 사용하는 것을 허락하지 않는다.

386 freedom [fríːdəm]
명 자유
We have the **freedom** to travel the world. 우리는 세계를 여행할 자유가 있다.
free 형 자유로운; 무료의, 공짜의; 한가한

387 expression [ikspréʃən]
명 1 표현 2 표정
His gift was an **expression** of his love. 그의 선물은 그의 사랑의 표현이었다.
a sad **expression** on her face 그녀의 얼굴에 슬픈 표정
express 동 나타내다, 표현하다

>> **cause serious trouble/accidents** 심각한 문제를/사고를 일으키다

388 cause [kɔːz]
명 원인 반 result 동 ~을 초래하다
Smoking is the main **cause** of lung disease. 흡연은 폐 질병의 주요 원인이다.
cause pain/death 고통/죽음을 초래하다

389 serious [síəriəs]
형 1 심각한 2 진지한
Air pollution is a **serious** problem in the city.
대기 오염은 도시에서 심각한 문제이다.
seriously 부 심각하게; 진지하게

390 trouble [trʌ́bl]
명 어려움, 문제, 곤란
He had **trouble** finding a new job. 그는 새 직장을 찾는 데 어려움이 있었다.
Plus+ · have trouble v-ing ~하는 데 어려움이 있다

391 accident [ǽksidənt]
명 1 사고 2 우연(한 사건)
Most car **accidents** happen in the evening.
대부분의 자동차 사고는 저녁에 일어난다.
meet by **accident** 우연히 만나다
accidental 형 우연한

›› solve tough problems through dialogue 대화를 통해 어려운 문제를 해결하다

392 solve [salv]

동 (문제 등을) 풀다, 해결하다

The boy is very good at **solving** puzzles. 그 소년은 퍼즐 푸는 것을 매우 잘한다.
Money won't **solve** all your problems.
돈이 너의 모든 문제를 해결해주지는 못할 것이다.

solution 명 해법, 해결책; 해답

393 tough [tʌf]

형 1 힘든, 어려운 ⊕ difficult, hard 2 강인한; 거친

She had to make a **tough** decision. 그녀는 힘든 결정을 내려야 했다.
a **tough** soldier/guy 강인한 군인/거친 남자[터프 가이]

394 dialogue [dáiəlɔ̀ːg]

명 대화, 회화 ⊜ dialog

a boring movie full of bad **dialogue** 형편없는 대화로 가득한 지루한 영화
dialogue between leaders 지도자들 사이의 대화

›› deliver goods to customers safely 고객들에게 물품을 안전하게 배달하다

395 deliver [dilívər]

동 1 배달하다 2 (연설·강연 등을) 하다

The store is **delivering** our new bed on Monday.
그 가게는 우리의 새 침대를 월요일에 배달해준다.
deliver a speech 연설하다

delivery 명 (물품·편지 등의) 배달

396 delivery [dilívəri]

명 (물품·편지 등의) 배달

Delivery is free on the first order.
첫 주문 시에 배달은 무료이다.

deliver 동 배달하다; (연설·강연 등을) 하다

> **Word Link**
> deliver(배달하다) + 명사형 접미사 -y(~하는 것) → delivery(배달하는 것)

397 goods [gudz]

명 상품, 제품

The shop sells **goods** at a cheap price. 그 가게는 상품을 싼 가격에 판다.

398 customer [kʌ́stəmər]

명 손님, 고객

The **customer** ordered pizza. 그 손님이 피자를 주문했다.
a regular **customer** 단골(손님)

399 safely [séifli]

부 안전하게, 무사히

Our plane landed **safely** in the storm. 폭풍 속에서 우리 비행기는 무사히 착륙했다.

safe 형 안전한

DAY 17

주제: 감각

400 hunger [hʌ́ŋɡər]
명 1 배고픔; 굶주림 2 열망
Thousands of people die from **hunger** every day.
매일 수천 명의 사람들이 기아로 죽어간다.
a **hunger** for success 성공에 대한 열망
hungry 형 배고픈

401 smelly [sméli]
형 냄새[악취] 나는
He has **smelly** feet/shoes. 그의 발/신발에는 냄새가 난다.
smell 동 냄새가 나다; 냄새를 맡다 명 냄새

402 contact [kántækt]
명 1 접촉 2 연락 동 연락하다
Skin **contact** between a mother and baby is very important.
엄마와 아기의 피부 접촉은 매우 중요하다.
Please **contact** us by email. 이메일로 우리에게 연락하세요.

403 spin [spin]
동 (spun-spun) 돌다, 회전하다; 돌리다
A dancer is **spinning** on her toes. 한 무용수가 발끝으로 돌고 있다.
spin a ball/coin 공/동전을 돌리다

404 sour [sauər]
형 1 (맛이) 신, 시큼한 2 (우유 등이) 상한
I love the **sour** taste of lemons. 나는 레몬의 신맛을 너무 좋아한다.
turn[go] **sour** 상하다

405 balance [bǽləns]
명 균형 동 균형을 잡다
I lost my **balance** and fell forward. 나는 균형을 잃고 앞으로 넘어졌다.
balance on one leg 한 다리로 서서 균형을 잡다

406 ache [eik]
명 (계속적인) 아픔, 쑤심 동 아프다, 쑤시다 ⓤ hurt
He has an **ache** in his knee. 그는 무릎이 아프다.
My whole body **ached** after skiing. 스키를 탄 후로 몸 전체가 쑤셨다.

407 no longer
더 이상 ~ 않다
The tired man could **no longer** focus on work.
그 피곤한 남자는 더 이상 일에 집중할 수 없었다.

408 get used to
~에 익숙해지다
Your eyes will **get used to** the dark soon. 너의 눈은 곧 어둠에 익숙해질 것이다.

DAILY TEST

정답 p.151

[01~12] 영어는 우리말로, 우리말은 영어로 쓰세요.

01 trouble _____
02 deliver _____
03 tough _____
04 cause _____
05 dialogue _____
06 contact _____

07 (문제 등을) 풀다, 해결하다 _____
08 (물품·편지 등의) 배달 _____
09 허락하다, 용납하다 _____
10 손님, 고객 _____
11 안전하게, 무사히 _____
12 상품, 제품 _____

[13~17] 다음 괄호 안에서 알맞은 말을 고르세요.

13 We have the (freedom / free) to travel the world.
14 Most car (accidental / accidents) happen in the evening.
15 His gift was an (express / expression) of his love.
16 Air pollution is a (serious / seriously) problem in the city.
17 Money won't (solution / solve) all your problems.

감각

[18~25] 다음 빈칸에 알맞은 단어를 넣어, 이야기를 완성하세요.

My heart 18_____ because Carlton is 19_____ _____ here. He was the 20_____ dog in the world. His breath was 21_____, because his teeth were bad. I had to cover my ears when 22_____ made him *howl in the morning. But he was my best friend. He loved to 23_____ around and catch his tail. I laughed when he tried to 24_____ on two legs. Will I ever 25_____ _____ _____ being without him?

*howl: (길게) 울다[울부짖다]

내 마음이 18**아픕니다**, 칼튼이 여기에 19**더 이상 없어서**. 그는 세상에서 20**가장 냄새나는** 개였습니다. 그의 이빨이 상해서, 그의 입냄새는 21**시큼했습니다**. 아침에 22**배고픔**이 그를 울부짖게 했을 때, 나는 귀를 막아야 했습니다. 하지만 그는 나의 가장 친한 친구였습니다. 칼튼은 23**빙글 돌며** 자신의 꼬리를 잡는 것을 매우 좋아했습니다. 그가 두 다리로 24**균형을 잡으려고** 할 때 나는 웃었습니다. 칼튼 없이 지내는 것에 내가 25**익숙해질**까요?

DAY 17 • 083

DAY 18

>> **gain** both **wealth** and **fame** 부와 명예를 둘 다 얻다

409 gain
[gein]
동 1 얻다 2 늘리다
Many young people travel abroad to **gain** experience.
많은 젊은이들이 경험을 얻기 위해 해외로 여행을 간다.

410 wealth
[welθ]
명 부(富), 재산
The country's **wealth** comes from its oil. 그 국가의 부는 석유에서 나온다.
wealthy 형 부유한, 재산이 많은

411 fame
[feim]
명 명성, 명예
He is not really interested in **fame**. 그는 명예에는 별 관심이 없다.
famous 형 유명한

>> **target** the **leader** in a **battle** 전투에서 지도자를 표적으로 삼다

412 target
[tάːrgit]
명 1 목표 2 (공격의) 표적 동 목표로 삼다
My **target** is to learn 10 new words each day.
내 목표는 하루에 새 단어 10개를 배우는 것이다.
The bomb hit its **target**. 그 폭탄은 표적을 명중했다.
The thieves **targeted** tourists. 그 도둑들은 관광객들을 표적으로 삼았다.

413 leader
[líːdər]
명 지도자, 리더
He is a powerful **leader** in the army. 그는 군대에서 강력한 지도자다.
lead 동 안내하다[데리고 가다]; 지도[지휘]하다, 이끌다

414 lead
[liːd]
동 (led-led) 1 안내하다
2 지도하다, 이끌다
The nurse **led** him to the doctor's office.
그 간호사는 그를 진료실로 안내했다.
lead a team to victory 팀을 우승으로 이끌다
leader 명 지도자, 리더

Word Link
lead(지도하다, 이끌다) + 명사형 접미사 -er(~하는 사람) → leader(지도하는[이끄는] 사람)

415 battle
[bǽtl]
명 1 전투 2 투쟁, 싸움
Many soldiers were killed in **battle**. 많은 군인들이 전사했다.

≫ an **active** member of a **volunteer organization** 자원봉사 단체의 적극적인 구성원

416 active [ǽktiv]
형 1 활동적인 2 적극적인
Hiking and running are **active** hobbies. 하이킹과 달리기는 활동적인 취미다.
take an **active** part in a discussion 토론에 적극적으로 참여하다
activity 명 (활발한) 움직임, 활기; (특정 분야의) 활동

417 member [mémbər]
명 일원, 멤버; 회원
He became a **member** of the national soccer team.
그는 축구 국가대표팀의 일원이 되었다.

418 volunteer [vὰləntíər]
명 지원자, 자원봉사자 동 자원하다, 자원봉사 하다
The school was built by **volunteers**. 그 학교는 자원봉사자들에 의해 지어졌다.
volunteer to help others 다른 사람들 돕기를 자원하다
voluntary 형 자발적인; 자원봉사로 하는

419 organization [ɔ̀ːrgənizéiʃən]
명 조직, 기구
He works in the World Health **Organization**. 그는 세계 보건 기구에서 일한다.
organize 동 준비[조직]하다; 정리하다

≫ **lastly**, **stir** the **mixture** with a **straw** 마지막으로, 빨대로 혼합물을 젓는다

420 lastly [lǽstli]
부 마지막으로, 끝으로 반 firstly
Lastly, add pepper, and it's ready to serve.
마지막으로, 후추를 넣으면, 음식을 내놓을 준비가 된 것이다.
last 형 마지막의; 지난

421 stir [stəːr]
동 젓다, (저어 가며) 섞다
She **stirred** her tea with a spoon. 그녀는 숟가락으로 차를 저었다.

422 mixture [míkstʃər]
명 혼합(물)
Chocolate is a **mixture** of cocoa and sugar.
초콜릿은 코코아와 설탕의 혼합물이다.
mix 동 섞이다, 섞다

423 straw [strɔː]
명 1 짚, 밀짚 2 빨대
There is a pile of **straw** in the field. 밭에 짚더미가 있다.
drink with a plastic **straw** 플라스틱 빨대로 마시다

주제: 사회와 경제

424 society [səsáiəti]
명 1 사회 (집단) 2 (협)회
Fake news is a huge problem in today's **society**.
오늘날 사회에서 가짜 뉴스는 큰 문제이다.
social 형 사회의, 사회적인; 사교의

425 vote [vout]
동 투표하다 명 투표; 표
We **vote** today for our new president. 우리는 오늘 새 대통령을 뽑기 위해 투표한다.
voter 명 투표자, 유권자

426 growth [grouθ]
명 1 성장 2 (크기·양 등의) 증가
Teenagers experience fast **growth**. 십 대들은 빠른 성장을 겪는다.
expect job **growth** 일자리 증가를 기대하다
grow 동 자라다, 성장하다; 기르다

427 business [bíznis]
명 1 사업, 장사 2 업무
A lot of companies do **business** in Japan. 많은 기업들이 일본에서 사업을 한다.
on a **business** trip 업무 여행[출장] 중인

428 harmony [háːrməni]
명 1 조화, 화합 2 화음
All people live together in **harmony**. 모든 사람들이 서로 조화를 이루며 살아간다.
sing in **harmony** 화음을 넣어 노래하다

429 factory [fǽktəri]
명 공장
Many **factory** workers are losing their jobs.
많은 공장 노동자들이 일자리를 잃고 있다.

430 peaceful [píːsfəl]
형 평화로운; 평화적인
Together we can create a more **peaceful** world.
우린 함께 더 평화로운 세계를 만들 수 있다.
peace 명 평화, 평화로움

431 in need
어려움에 처한, 궁핍한
The money was used for people **in need**.
그 돈은 어려움에 처한 사람들을 위해 쓰여 졌다.

432 ask for
~을 요구[요청]하다
You can **ask for** help when you need it. 너는 필요할 때 도움을 요청할 수 있어.

DAILY TEST

정답 p.151

[01~08] 다음 우리말과 같은 뜻이 되도록 빈칸에 알맞은 단어를 쓰세요.

01 축구 국가대표팀의 일원 a _____ of the national soccer team
02 토론에 적극적으로 참여하다 take an _____ part in a discussion
03 경험을 얻다 _____ experience
04 팀을 우승으로 이끌다 _____ a team to victory
05 그것의 표적을 명중하다 hit its _____
06 플라스틱 빨대로 마시다 drink with a plastic _____
07 다른 사람들 돕기를 자원하다 _____ to help others
08 숟가락으로 차를 젓다 _____ the tea with a spoon

[09~12] 다음 짝지어진 두 단어의 관계가 같도록 빈칸에 알맞은 단어를 쓰세요.

09 _____ : wealthy = fame : famous
10 lead : leader = _____ : voter
11 _____ : social = peace : peaceful
12 organize : _____ = mix : mixture

> **사회와 경제**

[13~20] 다음 빈칸에 알맞은 단어를 넣어, 이야기를 완성하세요.

In some countries, people live in 13_____. They enjoy 14_____ lives. There is enough food and work for everyone. But that isn't true of every 15_____. Why are there old people 16_____ _____? Why do some families have to 17_____ _____ free food? Better education is the answer. Education helps us understand and live with each other. It leads to the 18_____ of society. With better education, people start 19_____ and 20_____ that create wealth.

어떤 나라에서는, 사람들이 13**조화**를 이루며 산다. 그들은 14**평화로운** 삶을 누린다. 모든 사람에게 충분한 음식과 일이 있다. 하지만 그것이 모든 15**사회**에 해당되는 건 아니다. 왜 16**궁핍한** 노인들이 있는 거지? 왜 어떤 가정에서는 무료 음식을 17**요청해야만** 하지? 더 나은 교육이 해답이다. 교육은 우리가 서로를 이해하고 함께 살아갈 수 있도록 도와준다. 이는 사회의 18**성장**으로 이어진다. 더 나은 교육으로 인해, 사람들은 부를 창출하는 19**사업체들**과 20**공장들**을 세운다.

DAY 19

>> a **mild**/**freezing** winter in **central** England 중부 잉글랜드의 포근한/몹시 추운 겨울

| 433 | **mild** [maild] | 형 1 가벼운[순한] 2 (날씨가) 포근한
She has a **mild** headache. 그녀는 가벼운 두통이 있다.
We've had a **mild** winter this year. 우리는 올해 포근한 겨울을 보냈다. |

| 434 | **freezing** [fríːziŋ] | 형 몹시 추운
It's **freezing** here. Can I turn on the heater?
여기 너무 춥군요. 히터를 틀어도 될까요?
freeze 동 얼다; 얼리다 |  |

| 435 | **central** [séntrəl] | 형 1 중심[중앙]인 2 중심적인
The park is in the **central** part of the city. 그 공원은 도시의 중심부에 있다.
play a **central** role 중심적인 역할을 하다
center 명 중심, 중앙; 종합시설, 센터 |

>> a **host** **greets** **guests** with **hugs** 주인이 손님들을 포옹으로 맞이하다

| 436 | **host** [houst] | 명 (손님을 초대한) 주인   동 주최[개최]하다
We thanked our **host** for her kindness.
우리는 우리를 초대한 주인의 친절함에 감사를 전했다.
France will **host** the next Olympics.
프랑스가 다음 올림픽을 개최할 것이다. |  |

| 437 | **greet** [griːt] | 동 맞이하다, 환영하다   ≒ welcome
We **greeted** the new students warmly. 우리는 신입생들을 따뜻하게 맞이했다. |

| 438 | **guest** [gest] | 명 1 손님 2 투숙객
The wedding **guests** started to arrive. 결혼식 하객들이 도착하기 시작했다.
The hotel sauna is for **guests** only. 그 호텔 사우나는 투숙객만을 위한 것이다. |

| 439 | **hug** [hʌg] | 동 포옹하다   명 포옹
He went to his son and **hugged** him tightly. 그는 아들에게 가서 그를 꽉 껴안았다.
She gave me a big **hug**. 그녀는 나를 한번 크게 안아주었다. |

›› a(n) terrible/amazing sense of humor 형편없는/놀라운 유머감각

440 terrible [térəbl]
형 1 끔찍한, 형편없는 ㈌ awful 2 심한
We had a **terrible** car accident. 우리는 끔찍한 자동차 사고를 당했다.
terribly 부 너무, 몹시

441 amazing [əméiziŋ]
형 놀라운, 굉장한
I heard some **amazing** stories of UFOs. 나는 UFO에 관한 놀라운 이야기를 들었다.
amaze 동 (대단히) 놀라게 하다

442 sense [sens]
명 1 감각 2 −감[느낌]; 감각 능력
Cats have a very good **sense** of hearing. 고양이는 청각이 아주 뛰어나다.
feel a **sense** of anger 분노감을 느끼다
I have a good **sense** of direction. 나는 방향 감각이 좋다.

443 humor [hjú:mər]
명 유머, 익살
The book is filled with **humor**. 그 책은 유머로 가득 차 있다.
humorous 형 재미있는, 유머러스한

444 humorous [hjú:mərəs]
형 재미있는, 유머러스한 ㈌ funny
The movie was not serious but **humorous**. 그 영화는 진지하지 않고 재미있었다.
humor 명 유머, 익살

> **Word Link**
> humor(유머) + 형용사형 접미사 -ous(~하는 성질이 있는, ~이 많은) → humorous(유머러스한)

›› search the area for a missing boy 실종된 소년을 찾아 지역을 수색하다

445 search [səːrtʃ]
동 찾아보다, 수색하다 명 찾기, 수색
I **searched** everywhere but couldn't find my key.
나는 모든 곳을 다 찾아봤지만 내 열쇠를 찾을 수 없었다.
a police **search** 경찰 수색

446 area [ɛ́əriə]
명 1 지역 2 (특정 공간 내의) 구역 ㈌ zone
Houses in this **area** are very expensive. 이 지역의 집들은 매우 비싸다.
a parking **area** 주차 구역[주차장]

447 missing [mísiŋ]
형 없어진, 실종된
Their dog went **missing**. 그들의 개가 없어졌다.
Plus+ · go missing 행방불명되다

DAY 19 • 089

주제: 정도와 수량

448 double [dʌ́bl]
형 1 두 배의 2 두 개로 된; 2인용의 동 두 배로 되다
He got **double** pay for working on Sunday.
그는 일요일에 일한 것에 대해 두 배의 보수를 받았다.
a **double** window/bed 이중창/2인용 침대
The price of the house has **doubled**. 그 집의 가격이 두 배가 되었다.

449 extra [ékstrə]
형 여분의, 추가의 ⊕ additional
I paid the **extra** cost for delivery. 나는 배달에 대해 추가 비용을 지불했다.

450 least [liːst]
형 (the ~) 가장 작은[적은] 부 가장 덜[적게]
Out of her friends, she spends the **least** money on clothes.
그녀의 친구들 중에서 그녀가 옷에 돈을 가장 적게 쓴다.
my **least** favorite subject 내가 가장 덜 좋아하는[가장 싫어하는] 과목

451 single [síŋgl]
형 1 단 하나의 2 1인용의
They won the game by a **single** point. 그들은 단 1점차로 그 경기에서 이겼다.
a **single** bed/room 1인용 침대/1인실

452 none [nʌn]
대 아무[하나]도 ~않다[없다]
We got 3 points, and they got **none**.
우리는 3점을 받았고, 그들은 아무것도 못 받았다.
None of my friends called me. 내 친구들 중 아무도 내게 전화하지 않았다.

453 once [wʌns]
부 1 한 번 2 (과거) 언젠가[한때]
Dad cleans his car **once** a month. 아빠는 한 달에 한 번 세차를 한다.
The actor was **once** very famous. 그 배우는 한때 매우 유명했다.

454 plenty [plénti]
명 많음, 충분 ((of)) ⊕ a lot
We have **plenty** of time to get ready. 우리는 준비할 시간이 충분하다.

455 put together
1 합하다 2 조립하다, (모아서) 만들다
If you **put** two and three **together**, you get five. 2와 3을 합하면 5가 된다.
put together two model planes 두 개의 모형 비행기를 조립하다

456 make up
1 ~을 이루다[형성하다] 2 지어내다
Water **makes up** about 70% of the human body.
물이 인체의 약 70%를 이룬다.
make up a few excuses 몇 가지 핑곗거리를 지어내다

DAILY TEST

정답 p.151

[01~06] 다음 단어들을 연결하여 어구를 완성하고 그 뜻을 쓰세요.

01 a double   ⓐ guests   뜻: _____
02 a police   ⓑ search   뜻: _____
03 the wedding   ⓒ bed   뜻: _____
04 go   ⓓ headache   뜻: _____
05 a mild   ⓔ anger   뜻: _____
06 a sense of   ⓕ missing   뜻: _____

[07~11] 다음 밑줄 친 부분과 바꿔 쓸 수 있는 알맞은 표현을 골라 연결하세요.

07 We have plenty of time to get ready.   ⓐ welcomed
08 We greeted the new students warmly.   ⓑ additional
09 We had a terrible car accident.   ⓒ a lot
10 The movie was not serious but humorous.   ⓓ funny
11 I paid the extra cost for delivery.   ⓔ awful

정도와 수량

[12~17] 다음 빈칸에 알맞은 단어를 넣어, 대화를 완성하세요.

A: We need ¹² _____ the number of sandwiches! Twenty more people are now coming to the party.

B: I'll ¹³ _____ _____ some more. How many do you want?

A: Please make about 80 more sandwiches. There'll vegetarians. They ¹⁴ _____ _____ about 20% of the guests. Oh, there's a *vegan guest, too. Please make a ¹⁵ _____ plate of sandwiches for her.

B: Shall I buy ¹⁶ _____ potato chips?

A: Yes, please. Five more bags of chips will be ¹⁷ _____.

*vegan: 비건, 엄격한 채식주의자

A: 우리는 ¹²**두 배** 수의 샌드위치가 필요해! 지금 20명이 더 파티에 오고 있거든.
B: 내가 좀 더 ¹³**모아 볼게**. 몇 개를 원해?
A: 대략 샌드위치 80개 정도 더 만들어 줘. 채식주의자들도 있을 거야. 그들은 손님들 가운데 약 20퍼센트를 ¹⁴**이루고 있어**. 아, 비건 손님도 한 명 있어. 그녀를 위해 샌드위치 ¹⁵**한 접시**를 만들어 줘.
B: 내가 ¹⁶**여분의** 감자칩을 살까?
A: 응, 부탁해. 감자칩의 5봉지만 더 있으면 ¹⁷**충분할** 거야.

DAY 20

>> **blame** others for your **failure/faults** 자신의 실패에/잘못에 대해 남을 탓하다

457 **blame**
[bleim]
동 탓하다, 비난하다 명 비난
She **blamed** me for the accident. 그녀는 그 사고에 대해 나를 탓했다.

458 **failure**
[féiljər]
명 실패 반 success
Don't be afraid of **failure**. 실패를 두려워하지 마라.
fail 동 실패하다; (시험에) 떨어지다

459 **fault**
[fɔːlt]
명 1 잘못 2 결점, 결함
It's your **fault** we're late. 우리가 늦은 것은 네 잘못이다.
The car makes some noises because of a **fault** in the engine.
엔진 결함 때문에 그 차에는 약간의 소음이 난다.

>> do **various social activities** 다양한 사회 활동을 하다

460 **various**
[vɛ́əriəs]
형 여러 가지의, 다양한 유 different
The store sells donuts in **various** shapes. 그 가게는 다양한 모양의 도넛을 판다.
vary 동 서로[각기] 다르다; 달라지다

461 **vary**
[vɛ́əri]
동 서로[각기] 다르다; 달라지다
Flowers **vary** in color and size.
꽃들은 색깔과 크기가 다양하다.
vary with the season 계절에 따라 달라지다
various 동 여러 가지의, 다양한

Word Link
vary(각기 다르다) + 형용사형 접미사 -ous(~하는 성질이 있는, ~이 많은) → various(다양한)

462 **social**
[sóuʃəl]
형 1 사회의, 사회적인 2 사교의
School violence is a serious **social** problem. 학교 폭력은 심각한 사회 문제이다.
social skills/events 사교 기술/행사
society 형 사회 (집단); (협)회

463 **activity**
[æktívəti]
명 1 (활발한) 움직임, 활기 2 (특정 분야의) 활동
The streets were full of **activity**. 그 거리는 활기로 가득했다.
classroom **activities** 교실 활동
active 형 활동적인; 적극적인

›› introduce the importance of regular exercise 규칙적인 운동의 중요성을 소개하다

464 introduce
[ìntrədjúːs]

동 (모르던 것·사람을) 소개하다

The teacher **introduced** the main topics of the course.
선생님은 그 강의의 주제들을 소개했다.

introduction 명 도입; 소개

465 importance
[impɔ́ːrtəns]

명 중요성

This movie talks about the **importance** of family.
이 영화는 가족의 중요성에 대해 얘기한다.

important 형 중요한

466 regular
[régjulər]

형 1 규칙적인, 정기적인 (반) irregular 2 보통의

The book club has **regular** meetings. 그 독서 클럽은 정기 모임을 가진다.
a **regular** size pizza 보통 크기[레귤러 사이즈]의 피자

regularly 부 정기[규칙]적으로

467 exercise
[éksərsàiz]

명 1 운동 2 (-s) 연습; 훈련 동 운동하다 (유) work out

You should do more **exercise**. 너는 더 많은 운동을 해야 한다.
exercises for the piano 피아노 연습
To lose weight, **exercise** every day. 살을 빼려면, 매일 운동해라.

›› chase him through a narrow/crowded street 좁은/혼잡한 거리를 지나서 그를 쫓아가다

468 chase
[tʃeis]

동 뒤쫓다, 추적하다 명 추적, 추격

The police **chased** the thief. 경찰이 그 도둑을 뒤쫓았다.
a car **chase** 자동차 추격

469 through
[θruː]

전 ~을 통해, ~을 지나서

The train went **through** a tunnel. 그 열차는 터널을 지나갔다.

470 narrow
[nǽrou]

형 (폭이) 좁은 (반) wide

The streets are too **narrow** for buses.
그 길은 버스가 다니기에 너무 좁다.

471 crowded
[kráudid]

형 복잡한, 붐비는

On Friday nights, the restaurant is **crowded** and noisy.
금요일 밤에, 그 레스토랑은 붐비고 시끄럽다.

crowd 명 군중, 무리

주제: **패션**

472 comfortable [kʌ́mfərtəbl]
혱 편안한; 안락한 ⊕ uncomfortable
Wear loose, **comfortable** clothing. 헐렁하고 편안한 옷을 입어라.
a **comfortable** house 안락한 집
comfort 뎽 안락, 편안; 위로, 위안

473 simple [símpl]
혱 1 간단한 ⊕ easy 2 단순한, 소박한
This camera is very **simple** to use. 이 카메라는 사용이 매우 간단하다.
She wore a **simple** black dress. 그녀는 단순한 검정 드레스를 입었다.

474 tight [tait]
혱 1 꽉 끼는 ⊕ loose 2 단단히 맨 ⊕ loose 튀 단단히, 꽉
These jeans are too **tight**. 이 청바지는 너무 꽉 낀다.
a **tight** ponytail 단단히 맨 말총머리[하나로 질끈 묶은 머리]
Hold **tight** to my hand. 내 손 꽉 잡아.

475 fabric [fǽbrik]
뎽 직물, 천
The coat is made of expensive **fabric**. 그 코트는 비싼 천으로 만들어졌다.

476 fashionable [fǽʃənəbl]
혱 1 유행하는 2 고급의
The store sells **fashionable** clothes. 그 가게에서는 유행하는 옷들을 판매한다.
a **fashionable** restaurant/hotel 고급 식당/호텔
fashion 뎽 유행; 패션, 의류업계

477 fit [fit]
동 1 꼭 맞다 2 적합하다, 어울리다
That jacket **fits** you well. 저 재킷은 너에게 꼭 맞다.
This song doesn't **fit** the party. 이 노래는 파티와 어울리지 않는다.

478 pattern [pǽtərn]
뎽 1 무늬 2 (사고·행동 등의) 양식, 패턴
The skirt has a flower **pattern**. 그 치마에는 꽃무늬가 있다.
different spending **patterns** 각기 다른 소비 패턴들

479 at that time
그때, 그 당시
Short skirts were fashionable **at that time**. 그 당시에는 짧은 치마가 유행이었다.

480 day by day
나날이; 서서히
Wide pants are becoming more popular **day by day**.
통이 넓은 바지가 나날이 더 인기를 끌고 있다.

DAILY TEST

[01~07] 다음 우리말과 같은 뜻이 되도록 빈칸에 알맞은 단어를 쓰세요.

01 계절에 따라 달라지다   _____ with the season
02 엔진 결함   a _____ in the engine
03 실수에 대한 책임을 지다   take the _____ for a mistake
04 고급 식당   a _____ restaurant
05 각기 다른 소비 패턴들   different spending _____
06 자동차 추격   a car _____
07 터널을 지나가다   go _____ a tunnel

[08~09] 다음 짝지어진 단어의 관계가 나머지와 <u>다른</u> 하나를 고르세요.

08 ⓐ social – society   ⓑ fail – failure
    ⓒ important – importance   ⓓ active – activity

09 ⓐ exercise – work out   ⓑ regular – irregular
    ⓒ narrow – wide   ⓓ tight – loose

패션

[10~17] 다음 빈칸에 알맞은 단어를 넣어, 대화를 완성하세요.

A: That looks 10_____, Ed. Shall we buy it?

B: Sorry, Mom. It doesn't 11_____. It's too 12_____ around my shoulders, and I don't like the 13_____.

A: Oh. I thought it looked quite 14_____.

B: Only if you were buying a coat in the 1970s. 15_____ _____ _____, it would have been cool, I guess.

A: 16_____ _____ _____ it's getting more difficult to buy clothes for you.

B: It's 17_____. Just let me choose!

A: 에드야, 저거 10**편해** 보인다. 저거 하나 살까?
B: 미안해요, 엄마. 11**사이즈가 맞지** 않아요. 어깨 주위가 너무 12**꽉 끼고**, 13**무늬**가 마음에 들지 않아요.
A: 아. 나는 저게 꽤 14**유행하는** 것처럼 보인다고 생각했는데.
B: 만약에 엄마가 1970년대에 코트를 사고 있다면 그렇죠. 15**그 당시에는**, 멋있었을 거라고 생각해요.
A: 16**나날이** 네 옷을 사는 것이 점점 더 어려워지고 있어.
B: 17**간단해요**. 그냥 제가 고르게 해주세요!

DAY 20 • 095

REVIEW TEST DAY 16~20

정답 p.151

A 덩어리 표현 우리말에 맞게 빈칸을 채워 핵심 표현을 완성하세요.

01 _____ to _____ through gestures 제스처를 통해 의사소통을 할 수 있는

02 return the _____ item to the _____ 분실물을 주인에게 돌려주다

03 _____ to celebrate a _____ 승리를 축하하기 위해 모이다

04 twins tend to _____ _____ 쌍둥이는 비슷하게 행동하는 경향이 있다

05 allow _____ of _____ 표현의 자유를 허락하다

06 cause _____ _____ 심각한 문제를 일으키다

07 solve _____ problems through _____ 대화를 통해 어려운 문제를 해결하다

08 _____ goods to customers _____ 고객들에게 물품을 안전하게 배달하다

09 _____ both wealth and _____ 부와 명예를 둘 다 얻다

10 target the _____ in a _____ 전투에서 지도자를 표적으로 삼다

11 an _____ member of a _____ organization 자원봉사 단체의 적극적인 구성원

12 lastly, _____ the _____ with a straw 마지막으로, 빨대로 혼합물을 젓는다

13 a _____ winter in _____ England 중부 잉글랜드의 포근한 겨울

14 a _____ _____ guests with hugs 주인이 손님들을 포옹으로 맞이하다

15 a terrible _____ of _____ 형편없는 유머감각

16 _____ the area for a _____ boy 실종된 소년을 찾아 지역을 수색하다

17 _____ others for your _____ 자신의 실패에 대해 남을 탓하다

18 do _____ _____ activities 다양한 사회 활동을 하다

19 _____ the importance of _____ exercise 규칙적인 운동의 중요성을 소개하다

20 _____ him through a _____ street 좁은 거리를 지나서 그를 쫓아가다

B 주제별 어휘 우리말에 맞게 빈칸을 채워 문장을 완성하세요

자연

01 Early in the morning, _____ covered the grass.
이른 아침에 이슬이 잔디를 덮었다.

02 _____'s magic was everywhere!
자연의 마법은 어디에나 있었다!

03 The frozen dew seemed to _____ _____ a special light.
얼어붙은 이슬이 특별한 빛을 발하는 것 같았다.

감각

04 His breath was _____, because his teeth were bad.
그의 이빨이 상해서, 그의 입냄새는 시큼했다.

05 He loved to _____ around and catch his tail.
그는 빙글 돌며 자신의 꼬리를 잡는 것을 매우 좋아했다.

06 Will I ever _____ _____ _____ being without him?
그가 없이 지내는 것에 내가 익숙해질까?

사회와 경제

07 In some countries, people live in _____.
어떤 나라에서는, 사람들이 조화를 이루며 산다.

08 Why are there old people _____ _____?
왜 궁핍한[어려움에 처한] 노인들이 있는 거지?

09 It leads to the _____ of _____.
이는 사회의 성장으로 이어진다.

정도와 수량

10 We need _____ the number of sandwiches!
우리는 두 배 수의 샌드위치가 필요해!

11 They _____ _____ about 20% of the guests.
그들은 손님들 가운데 약 20퍼센트를 이루고 있다.

12 Shall I buy _____ potato chips?
내가 여분의 감자칩을 살까?

패션

13 That looks _____.
저거 편해 보인다.

14 It's too _____ around my shoulders, and I don't like the _____.
그것은 어깨 주위가 너무 꽉 끼고, 나는 그 무늬가 마음에 들지 않는다.

15 _____ _____ _____, it would have been cool.
그 당시에는, 그것이 멋있었을 것이다.

DAY 11~20 CUMULATIVE TEST

[01~30] 다음 단어의 뜻을 쓰세요.

01 opinion
02 especially
03 youth
04 harm
05 spread
06 accept
07 divide
08 follow
09 several
10 organize
11 slightly
12 absent
13 exact
14 fear
15 situation
16 lost
17 owner
18 behave
19 tough
20 deliver
21 ache
22 gain
23 target
24 active
25 central
26 greet
27 humor
28 failure
29 fault
30 chase

[31~40] 다음 뜻을 가진 단어를 쓰세요.

31 더미, 쌓아 놓은 것
32 탓하다, 비난하다; 비난
33 안전
34 앞으로, 앞쪽으로
35 알리다, 통지하다
36 연락을 주고받다, 의사소통을 하다
37 허락하다, 용납하다
38 혼합(물)
39 여분의, 추가의
40 ~을 통해, ~을 지나서

[41~45] 다음 숙어의 뜻을 쓰세요.

41 upside down
42 in case of
43 ask for
44 put together
45 day by day

Know More

미국 영어 vs. 영국 영어 2

발음 편

일반적으로 한국에서 배우는 영어는 미국식 영어인데요. 그렇다면 미국 영어와 영국 영어의 발음에는 어떤 차이가 있을까요?

1. [a] 발음

[a] 발음을 미국 영어에서는 '애'로 발음하고, 영국 영어에서는 '아'로 발음합니다.

	🇺🇸	🇬🇧
past	패스트	파스트
bath	배스	바스
ask	애스크	아스크
laugh	래프	라프

2. [r] 발음

미국 영어에서 [r] 소리는 혀를 굴려주는 소리이고, 영국 영어에서 [r] 소리는 굴리지 않고 길게 발음합니다.

	🇺🇸	🇬🇧
where	웨얼	웨어
here	히얼	히어
work	월크	워크
sure	슈얼	쇼어

3. [t] 발음

[t] 발음을 미국 영어에서는 'ㄹ'과 'ㄷ'의 중간 정도로 발음하고, 영국 영어에서는 'ㅌ'을 강하게 발음합니다.

	🇺🇸	🇬🇧
water	워럴	워터
butter	버럴	버터
meeting	미링	미팅
party	파뤼	파아티

4. [o] 발음

[o] 발음을 미국 영어에서는 '아'나 '어'에 가깝게 내고, 영국 영어에서는 '오' 발음을 그대로 강하게 발음합니다.

	🇺🇸	🇬🇧
spot	스팟	스폿
bottle	바를	보틀
doctor	닥털	독터
pocket	파킷	포킷

DAY 21

>> **send congratulations to the champion** 챔피언에게 축하 인사를 전하다

481 congratulation
[kəngrætʃuléiʃən]

명 (-s) 축하 (인사)
I received lots of **congratulation** letters. 나는 많은 축하 편지를 받았다.
congratulate 동 축하하다

482 offer
[ɔ́ːfər]

동 제의[제안]하다 명 제안, 제의
We'd like to **offer** you the job. 우리는 당신에게 일자리를 제의하고 싶다.
make an **offer** 제안[제의]하다

Word Link
'축하해요!'는 영어로 Congratulations! 그리고 '축하 인사를 드리다/전하다'는 offer/send one's congratulations로 표현해요.

483 champion
[tʃǽmpiən]

명 챔피언, (경기의) 우승자
He became the world boxing **champion**. 그는 세계 복싱 챔피언이 되었다.
the world **champion** 세계 챔피언

>> **a flood destroys the whole village** 홍수가 마을 전체를 파괴하다

484 flood
[flʌd]

명 홍수 동 물에 잠기게 하다
The town experienced the worst **floods**. 그 마을은 최악의 홍수를 겪었다.
The rains **flooded** the fields. 비로 인해 밭들이 물에 잠겼다.
참고 **drought** 가뭄

485 destroy
[distrɔ́i]

동 파괴하다
Plastic bags **destroy** the environment. 비닐봉지가 환경을 파괴한다.
destroy a building 건물을 파괴하다
destruction 명 파괴, 파멸

486 whole
[houl]

형 전체의, 모든 유 entire 명 전체
The **whole** family went on the trip. 그 가족 전체가 여행을 떠났다.
the **whole** of his life 그의 삶의 전체[그의 평생]
as a **whole** 전체로

487 village
[vílidʒ]

명 마을
She moved from her **village** to the city. 그녀는 살던 마을에서 도시로 이사했다.
참고 **town** (city보다 작은) (소)도시, 읍

» a **successful female photographer/architect** 성공한 여성 사진작가/건축가

488 **successful**
[səksésfəl]

형 성공한, 성공적인

You should work hard to become **successful**.
성공하기 위해서는 열심히 일해야 한다.

successfully 부 성공적으로, 훌륭하게   **success** 명 성공

489 **success**
[səksés]

명 성공   반 failure

The movie was a huge **success**.
그 영화는 큰 성공을 거두었다.

successful 형 성공한, 성공적인

Word Link
success(성공) + 형용사형 접미사 -ful(~이 가득한) → successful(성공한, 성공적인)

490 **female**
[fíːmeil]

형 여자[여성/암컷]의 반 male   명 여자[여성/암컷] 반 male

Who is the most famous **female** leader in history?
역사상 가장 유명한 여성 지도자는 누구인가요?

491 **photographer**
[fətágrəfər]

명 사진작가, 사진사

The **photographer** took many pictures at the wedding.
그 사진사는 결혼식에서 많은 사진을 찍었다.

photograph 명 사진 동 ~의 사진을 찍다

492 **architect**
[áːrkətèkt]

명 건축가

A famous **architect** designed our house. 유명한 건축가가 우리 집을 설계했다.

참고 **architecture** 건축(학); 건축양식

» **suddenly** get **mad** for no **reason** 이유 없이 갑자기 화내다

493 **suddenly**
[sʌ́dnli]

부 갑자기

A boy **suddenly** appeared from behind the door.
문 뒤에서 갑자기 한 소년이 등장했다.

sudden 형 갑작스러운

494 **mad**
[mæd]

형 1 몹시 화가 난 유 angry   2 미친, 정신 나간 유 crazy

Are you still **mad** at me? 너 아직도 내게 화난 거야?
The movie is about a **mad** scientist. 그 영화는 정신나간 과학자에 관한 것이다.

495 **reason**
[ríːzn]

명 이유, 원인; 근거

What was the **reason** for the failure? 실패의 이유는 무엇이었나요?
have every **reason** to believe 믿을 만한 충분한 근거가 있다

주제: 사물과 도구

496 stamp [stæmp]
명 1 우표 2 도장, 스탬프
I forgot to put a **stamp** on my letter.
나는 편지에 우표 붙이는 걸 깜박했다.
a **stamp** in your passport 여권에 있는 도장

497 closet [klázit]
명 벽장
Her **closet** is full of beautiful clothes. 그녀의 벽장은 예쁜 옷들로 가득 차 있다.

498 instrument [ínstrəmənt]
명 1 (정밀) 기구, 도구 ㈜ tool 2 악기
Dentists often use sharp **instruments**. 치과의사들은 날카로운 도구를 자주 사용한다.
Can you play an **instrument**? 당신은 악기를 연주할 수 있나요?

499 tool [tu:l]
명 도구, 연장 ㈜ instrument
The hammer, the drill, and other **tools** are all in the garage.
망치, 드릴, 그리고 다른 도구들은 모두 차고에 있다.

> **Word Link**
> instrument는 종종 과학 실험이나 수행과 관련이 있는 반면, tool은 실제 작업이나 기능에 더 일반적으로 사용해요.

500 ladder [lǽdər]
명 사다리
I climbed up the **ladder** to the roof. 나는 그 사다리를 타고 지붕에 올라갔다.

501 tube [tu:b]
명 1 관 2 (치약 등의) 통[튜브]
You can breathe through a **tube** while you are swimming.
수영하는 동안 관을 통해 숨을 쉴 수 있다.
a **tube** of toothpaste 치약 한 통

502 chain [tʃein]
명 1 사슬, 체인 2 연쇄, 연속
The door is locked with a **chain**. 그 문은 사슬로 잠겨 있다.
a **chain** of events 사건의 연속

503 on the other hand
다른 한편으로는, 반면에
The computer is very good, but **on the other hand**, it is expensive.
그 컴퓨터는 매우 좋지만, 반면에 그것은 비싸다.

504 and so on
(기타) 등등
I bought many things—pencils, erasers, **and so on**.
나는 연필, 지우개 등 많은 물건들을 샀다.

DAILY TEST

정답 p.152

[01~12] 영어는 우리말로, 우리말은 영어로 쓰세요.

01 champion _____
02 whole _____
03 offer _____
04 instrument _____
05 chain _____
06 flood _____

07 마을 _____
08 파괴하다 _____
09 건축가 _____
10 벽장 _____
11 사진작가, 사진사 _____
12 축하 (인사) _____

[13~16] 다음 짝지어진 두 단어의 관계가 같도록 빈칸에 알맞은 단어를 쓰세요.

13 _____ : successfully = sudden : suddenly
14 mad : angry = _____ : entire
15 _____ : male = success : failure
16 congratulate : _____ = destroy : destruction

사물과 도구

[17~24] 다음 빈칸에 알맞은 단어를 넣어, 이야기를 완성하세요.

Inside the 17_____, Dan discovered boxes of 18_____ and strange 19_____. His grandfather was a very messy person. He had kept everything – 20_____, old hammers, different types of 21_____, 22_____ _____ _____. His grandmother, 23_____ _____ _____ _____, was very neat. Envelopes, 24_____, and pens were organized neatly in her desk drawer. They were very different people!

17**벽장** 안에서, 댄은 18**연장**들과 이상한 19**기구**들이 든 상자들을 발견했다. 그의 할아버지는 매우 어질러 놓는 사람이었다. 할아버지는 20**사슬**들, 오래된 망치들, 다양한 종류의 21**튜브**들, 22**기타 등등** 모든 것을 보관해 두었다. 23**반면에**, 할머니는 매우 깔끔하셨다. 그녀의 책상 서랍에는 봉투들과 24**우표**들, 그리고 펜들이 가지런히 정리되어 있었다. 그들은 매우 다른 사람들이었다!

DAY 22

>> **a complete guide for visitors to Korea** 한국 방문자들을 위한 완전한 안내서

505 complete [kəmplíːt]
형 완벽한, 완전한 동 1 완료하다 ⊕ finish 2 완성하다
A **complete** sentence has a subject and a verb.
완전한 문장에는 주어와 동사가 있다.
I **completed** the work on time. 나는 제시간에 그 일을 완료했다.
complete a set 한 세트를 완성하다

506 guide [gaid]
명 안내인[가이드]; 안내서 동 안내하다
We traveled with a tour **guide**. 우리는 여행 가이드와 함께 여행했다.
a user **guide** 사용자 안내서
He **guided** them outside. 그는 그들을 밖으로 안내했다.
guideline 명 가이드라인, 지침

507 visitor [vízitər]
명 방문객, 손님
the number of foreign **visitors** to Paris 파리에 오는 외국인 방문객들의 수
visit 동 방문하다 명 방문

>> **lower global pollution levels** 세계적인 오염의 정도를 낮추다

508 lower [lóuər]
형 아래쪽의 ⊕ upper 동 낮추다, 내리다
She bit her **lower** lip. 그녀는 자신의 아랫입술을 깨물었다.
Can you **lower** your voice, please? 목소리를 좀 낮춰 주실 수 있을까요?

509 global [glóubəl]
형 세계적인, 지구 전체의
English is becoming a **global** language. 영어는 지구촌 언어가 되고 있다.

510 pollution [pəlúːʃən]
명 오염
Pollution in the river is killing the fish. 그 강의 오염이 물고기들을 죽이고 있다.
pollute 동 오염시키다

511 level [lévəl]
명 1 수준, 단계 2 높이, 고도
The children are at the same reading **level**. 그 아이들은 읽기 수준이 같다.
eye/sea **level** 눈높이/해수면

>> **neither** of us **prepared yet** for the **competition** 우리 둘 중 누구도 아직 대회 준비를 못했다

512 **neither**
[níːðər, náiðər]

때 (둘 중) 어느 쪽도 ~아니다
Neither of them cooks well. 그들 둘 중 누구도 요리를 잘하지 못한다.

513 **either**
[íːðər, áiðər]

때 (둘 중) 어느 한 쪽 부 |부정문| ~도 또한 (… 않다)
"Tea or coffee?" "**Either** is OK with me."
"차 아님 커피?" "나는 어느 쪽이든 좋아."
Joe can't swim, and I can't **either**. 조는 수영을 못하고, 나도 못한다.

Word Link
neither은 either와 부정어 not이 결합되어 만들어진 단어예요.

514 **prepare**
[pripɛ́ər]

동 준비하다; 대비하다 ((for))
Mom is **preparing** dinner. 엄마는 저녁 식사를 준비하고 있다.
prepare for a job interview 면접에 대비하다
preparation 명 준비, 대비

515 **yet**
[jet]

부 1 |부정문| 아직 2 |의문문| 이미, 벌써
The work is not finished **yet**. 그 일은 아직 끝나지 않았다.
Did Jane come back **yet**? 제인은 이미 돌아왔나요?

516 **competition**
[kàmpətíʃən]

명 1 경쟁 2 대회, 시합
The two boys are in **competition** for first place.
두 소년은 1등 자리를 두고 경쟁 중이다.
win a swimming **competition** 수영 대회에서 이기다
compete 동 경쟁하다; (경기 등에) 참가하다

>> **include** your **thoughts** in a **presentation** 발표에 자신의 생각을 포함시키다

517 **include**
[inklúːd]

동 포함하다; 포함시키다 반 exclude
The price of the room **includes** breakfast. 그 방값에는 조식이 포함되어 있다.

518 **thought**
[θɔːt]

명 생각하기; 생각 유 idea
I'll give some **thought** to your offer. 당신의 제안을 생각해보겠습니다.
think 동 생각하다

519 **presentation**
[prèzəntéiʃən]

명 1 발표 2 증정, 수여(식)
I gave a **presentation** at the meeting. 나는 그 회의에서 발표를 했다.
the **presentation** of prizes 상품 증정
present 동 주다, 수여[증정]하다 명 선물 형 참석[출석]한; 현재의

주제 ▶ 동작

520 pose [pouz]
동 포즈를 취하다　명 자세, 포즈
A fashion model is **posing** for a photograph.
패션 모델이 사진촬영을 위해 포즈를 취하고 있다.
change **poses** 자세를 바꾸다

521 quietly [kwáiətli]
부 조용히　반 loudly
She closed the door **quietly**. 그녀는 조용히 문을 닫았다.
quiet 형 조용한, 고요한

522 spray [sprei]
동 뿌리다; 뿌려지다　명 분무기, 스프레이
He **sprayed** blue paint on his car. 그는 자신의 차에 파란색 페인트를 뿌렸다.
spray everywhere 사방에 뿌려지다
a can of insect **spray** 살충제 스프레이 한 통

523 shut [ʃʌt]
동 (shut-shut) 닫다; 닫히다　형 닫힌　반 open
I **shut** the drawer and turned the key. 나는 서랍을 닫고 열쇠를 돌렸다.
The door was **shut**. 문이 닫혀 있다.

524 pace [peis]
명 1 속도　2 한 걸음, 보폭
He walked at a fast **pace**. 그는 빠른 속도로 걸었다.
take two **paces** forward 앞으로 두 걸음 떼다

525 roll [roul]
동 1 구르다; 굴리다　2 돌리다　명 통, 두루마리
The coin **rolled** into a hole. 그 동전이 구멍 안으로 굴러 들어갔다.
I **rolled** a pencil between my fingers. 나는 손가락 사이로 연필을 돌렸다.
a **roll** of tape 테이프 한 통

526 block [blak]
명 1 토막　2 한 구획[블록]　동 막다, 차단하다
A **block** of wood is floating in water. 나무 한 토막이 물에 떠 있다.
Go straight for two **blocks**. 두 블록 곧장 가세요.
Don't **block** the entrance. 입구를 막지 마라.

527 hold on
기다리다
Can you **hold on** for a moment? 잠깐만 기다려줄 수 있어?

528 hand in hand
서로 손을 잡고
We walked down the street, **hand in hand**.
우리는 서로 손을 잡고, 거리를 걸어 내려갔다.

DAILY TEST

[01~06] 다음 단어들을 연결하여 어구를 완성하고 그 뜻을 쓰세요.

01 a roll of • • ⓐ tape 뜻: _____

02 complete • • ⓑ guide 뜻: _____

03 a tour • • ⓒ a set 뜻: _____

04 a fast • • ⓓ competition 뜻: _____

05 sea • • ⓔ level 뜻: _____

06 a swimming • • ⓕ pace 뜻: _____

[07~10] 다음 괄호 안의 단어를 문맥에 맞게 알맞은 형태로 바꾸어 빈칸에 쓰세요.

07 I gave a _____ at the meeting. (present)

08 She closed the door _____. (quiet)

09 I'll give some _____ to your offer. (think)

10 _____ in the river is killing the fish. (pollute)

동작

[11~17] 다음 빈칸에 알맞은 단어를 넣어, 이야기를 완성하세요.

The old couple did *tai chi every day in the park.
11 _____ _____ _____, they walked there together. Their 12_____ was slow. They waited 13_____ at the crosswalk. "14_____ _____," said the wife. "Don't cross yet." The park gate was 15_____! The next entrance was far away. They walked to the next gate. Finally, they reached the park and began their exercises. They 16_____ their necks. They 17_____ on one leg. But the extra walking had made them tired. They went home.

*tai chi: 태극권

그 노부부는 공원에서 매일 태극권을 했다. 11**서로 손을 잡고**, 그들은 그곳으로 함께 걸어갔다. 그들의 12**속도**는 느렸다. 그들은 횡단보도에서 13**조용히** 기다렸다. "14**기다려요**"라고, 그의 아내가 말했다. "아직 건너지 마세요." 공원 문은 15**닫혀** 있었다! 다음 출입구는 멀리 떨어져 있었다. 그들은 다음 입구로 걸어갔다. 마침내, 그들은 공원에 도착했고, 그들의 운동을 시작했다. 그들은 목을 16**돌렸다**. 그들은 한 쪽 다리로 17**포즈를 취했다**. 그러나 그들이 추가로 걸은 것이 그들을 피곤하게 만들었다. 그들은 집으로 갔다.

DAY 22 • 107

DAY 23

>> **mention** the **possibility** of heart **disease** 심장병의 가능성을 언급하다

529 mention [ménʃən]
동 (말·글로) 언급[거론]하다
I **mentioned** this idea to him, and he liked it.
나는 그에게 이런 아이디어를 언급했고, 그는 그것을 좋아했다.
as I **mentioned** earlier 내가 앞에서 언급했듯이

530 possibility [pàsəbíləti]
명 가능성
There is a good **possibility** of rain. 비가 올 가능성이 크다.
the **possibility** of success 성공의 가능성
possible 형 가능한, 있을 수 있는

531 disease [dizíːz]
명 질병, 병
Her father died of heart **disease**. 그녀의 아버지는 심장병으로 돌아가셨다.
catch a **disease** 병에 걸리다

>> **repair** a **copy machine** 복사기를 수리하다

532 repair [ripɛ́ər]
동 수리[수선]하다 윤 fix 명 수리, 수선
Do you **repair** shoes here? 여기서 구두를 수선하나요?
a TV **repair** shop TV 수리점

533 copy [kápi]
명 복사(본) 동 1 복사하다 2 모방하다
Please make a **copy** of this report. 이 보고서 복사 좀 해주세요.
Copy the files to a CD. 파일들을 CD에 복사해 두어라.
Children often **copy** their parents. 아이들은 종종 부모를 따라 한다.

534 print [print]
동 인쇄하다, 프린트를 하다
I'd like to **print** this picture in color.
나는 이 그림을 컬러로 인쇄하고 싶다.
printer 명 인쇄기, (컴퓨터) 프린터

> **Word Link**
> 문서나 이미지를 복제하는 것은 make a copy, 프린터를 사용하여 문서 등을 출력하는 것은 print 라고 해요.

535 machine [məʃíːn]
명 기계
Is the coffee **machine** working now? 그 커피 기계가 이제 작동하나요?
machinery 명 기계류

›› Ever wonder how a valley is formed? 계곡이 어떻게 형성되는지 궁금해 본 적 있는가?

536 ever [évər]
튀 여태[지금]까지, 언제든
Have you **ever** been to India? 여태껏 인도에 가본 적 있나요?
If you **ever** visit LA, give me a call. 언제든 LA를 방문하면, 내게 전화해라.

537 wonder [wʌ́ndər]
동 1 궁금하다 2 놀라다 명 놀라움, 경탄
I **wonder** why the sky is blue. 나는 하늘이 왜 파란색인지 궁금하다.
Sometimes I **wonder** at his behavior. 가끔 나는 그의 행동에 놀란다.
wonderful 형 멋진, 훌륭한

538 valley [vǽli]
명 계곡, 골짜기
There is a bridge across a deep **valley**.
깊은 계곡을 가로지르는 다리가 있다.

539 form [fɔːrm]
명 1 종류, 유형 2 (문서의) 서식 동 형성되다; 형성하다
Painting is the most common **form** of art. 회화는 가장 흔한 종류의 예술이다.
Please complete the order **form**. 그 주문서를 완성해 주세요.
Ice **forms** on the roads in winter. 겨울에는 도로에 얼음이 형성된다.

›› deaf/blind since birth 태어났을 때부터 귀가 먼/눈이 먼

540 deaf [def]
형 귀가 먼
He began to go **deaf** at the age of 40. 그는 40세에 귀가 먹기 시작했다.

541 blind [blaind]
형 눈이 먼
She's almost **blind** in her left eye. 그녀는 왼쪽 눈이 거의 보이지 않는다.

542 since [sins]
전 ~부터[이후] 접 1 ~한 이후로 2 ~이므로 ⊕ because
They've lived here **since** 1995. 그들은 1995년부터 여기에 살고 있다.
He hasn't called **since** he went to China. 그는 중국으로 간 이후로 전화가 없다.
Since we are late, we have to hurry. 늦었으므로, 우리는 서둘러야 한다.

543 birth [bəːrθ]
명 탄생, 출생
The family celebrated the **birth** of their first child.
그 가족은 그들의 첫 아이 탄생을 축하했다.
your date of **birth** 너의 생년월일

DAY 23 • 109

주제: 사건과 사고

544 bump [bʌmp]
동 부딪치다, 충돌하다
He **bumped** his arm on the table. 그는 그 테이블에 팔을 부딪쳤다.

545 alarm [əláːrm]
명 1 경보(기) 2 알람, 자명종
A car **alarm** went off in the middle of the night.
한밤중에 자동차 도난 경보기가 울렸다.
I forgot to set the **alarm**. 나는 알람 맞추는 것을 깜박했다.

546 alive [əláiv]
형 살아 있는 반 dead
It was a bad accident – I'm lucky to be **alive**.
그것은 심한 사고였다. 내가 살아 있는 게 행운이다.

547 badly [bǽdli]
부 1 나쁘게, 서투르게 반 well 2 대단히, 몹시
I did **badly** on the exam. 나는 그 시험을 잘 못 봤다.
The boy was **badly** hurt. 그 소년은 심하게 다쳤다.

548 shock [ʃak]
명 충격; 충격적인 일 동 충격을 주다
Her death was a terrible **shock** to us. 그녀의 죽음은 우리에게 끔찍한 충격이었다.
The attack **shocked** the world. 그 공격은 세계에 충격을 주었다.
shocked 형 충격을 받은 shocking 형 충격적인

549 sharp [ʃɑːrp]
형 1 날카로운, 뾰족한 반 dull 2 급격한
I cut my finger with a **sharp** knife. 나는 날카로운 칼에 손가락을 베었다.
a **sharp** rise in prices 가격[물가]의 급격한 상승

550 forgive [fərgív]
동 (forgave-forgiven) 용서하다
I **forgive** you for breaking the window. 네가 창문 깨뜨린 것을 용서해 줄게.

551 end up
결국 (어떤 처지에) 처하게 되다
He **ended up** in prison for stealing the car.
그 차를 훔친 죄로 그는 결국 감방 신세가 되었다.

552 go off
1 폭발하다[터지다] 유 explode 2 (경보기 등이) 울리다
The bomb **went off** at the airport. 공항에서 폭탄이 터졌다.
Suddenly, a fire alarm **went off**. 갑자기 화재 경보기가 울렸다.

DAILY TEST

정답 p.152

[01~06] 다음 우리말과 같은 뜻이 되도록 빈칸에 알맞은 단어를 쓰세요.

01 TV 수리점   a TV _____ shop
02 심장병으로 죽다   die of heart _____
03 너의 생년월일   your date of _____
04 끔찍한 충격   a terrible _____
05 깊은 계곡   a deep _____
06 그 주문서를 완성하다   complete the order _____

[07~08] 다음 빈칸에 알맞은 단어를 고르세요.

07 There is a good _____ of rain.
   ⓐ blind   ⓑ possibility   ⓒ copy   ⓓ ever

08 Is the coffee _____ working now?
   ⓐ print   ⓑ wonder   ⓒ machine   ⓓ form

사건과 사고

[09~16] 다음 빈칸에 알맞은 단어를 넣어, 대화를 완성하세요.

A: What a week! A van ⁰⁹_____ into our car.

B: Oh no! That must have been a ¹⁰_____.

A: It was. We were in our house when the car ¹¹_____ ¹²_____ _____. I ran outside.

B: Was the driver okay?

A: He was ¹³_____, but ¹⁴_____ hurt. He ¹⁵_____ _____ in the hospital. I can't ¹⁶_____ him, though. He was driving too fast.

A: 엄청난 일주일이었어! 어떤 승합차가 우리 차에 ⁰⁹**충돌**을 했어.
B: 오 이런! 그건 분명 ¹⁰**충격**이었겠네.
A: 그랬어. 자동차 ¹¹**경보기**가 ¹²**울렸**을 때 우리는 집에 있었어. 나는 밖으로 달려 나갔지.
B: 그 운전자는 괜찮았어?
A: 그는 ¹³**살아** 있긴 했지만, ¹⁴**심하게** 다쳤어. 그는 ¹⁵**결국** 병원 **신세가 되었지**. 하지만 나는 그를 ¹⁶**용서할** 수 없어. 그는 너무 빨리 운전하고 있었거든.

DAY 24

>> **appear** to be more **popular abroad** 해외에서 더 인기 있는 것 같다

553 appear
[əpíər]

통 1 나타나다 ↔ disappear 2 ~인 것 같다 ≒ look, seem

A rainbow **appeared** after the rain. 비 온 뒤에 무지개가 나타났다.
She **appears** (to be) angry. 그녀는 화가 난 것 같다.

appearance 명 (겉)모습, 외모; 등장, 출현

554 popular
[pάpjulər]

형 1 인기 있는 2 대중적인

Coffee is the most **popular** drink in the world.
커피는 세계에서 가장 인기 있는 음료다.
popular culture/music 대중 문화/음악

popularity 명 인기

555 abroad
[əbrɔ́ːd]

부 해외에(서), 해외로 ≒ overseas

You need a passport to go **abroad**. 해외에 가려면 여권이 필요하다.
both at home and **abroad** 국내외 모두에서

>> your **usual humble/gentle self** 너의 평소 겸손한/온화한 모습

556 usual
[júːʒuəl]

형 보통의, 평소의

The bus arrived at its **usual** time. 그 버스는 평소에 오던 시간에 도착했다.

usually 부 보통, 대개

557 humble
[hʌ́mbl]

형 1 겸손한 ↔ proud 2 보잘것없는, 초라한

He's very **humble** about his success. 그는 자신의 성공에 대해 매우 겸손하다.
Welcome to our **humble** home. 누추한 우리 집에 오신 것을 환영합니다.

558 gentle
[dʒéntl]

형 부드러운, 온화한

The soap is **gentle** enough for babies. 그 비누는 아기들에게도 적합할 정도로 순하다.
The nurse spoke in a **gentle** voice. 그 간호사는 부드러운 목소리로 말했다.

gently 부 다정하게, 부드럽게

559 self
[self]

명 본모습; 자아

He was sick and didn't look like his old **self**.
그는 아파서 예전의 그의 모습이 아닌 것처럼 보였다.

›› not repeat stupid mistakes anymore 더 이상 어리석은 실수를 반복하지 않다

560 repeat [ripíːt]
동 반복하다, 되풀이하다
Sorry, can you **repeat** the question? 죄송한데, 그 질문을 다시 해줄 수 있을까요?

561 stupid [stúːpid]
형 어리석은; 바보 같은 ⊕ foolish, silly
I was **stupid** enough to believe him. 그를 믿다니 내가 참 어리석었다.

562 mistake [mistéik]
명 실수, 잘못 ⊕ error
We're very careful, but **mistakes** can happen.
우리는 주의하지만, 실수는 일어날 수 있다.

563 anymore [ènimɔ́ːr]
부 |부정문| 이제는, 더 이상
The old hospital isn't used **anymore**. 그 오래된 병원은 더 이상 사용되지 않는다.
Plus+ · not ~ anymore 더 이상 ~않다

564 anyway [éniwèi]
부 1 어쨌든, 그래도
2 |화제전환·화제복귀 시| 그건 그렇고, 그런데
I was ill but went to school **anyway**.
나는 아팠지만 그래도 학교를 갔다.
Anyway, how are you? 그건 그렇고, 요즘 어떻게 지내?

Word Link
any는 '약간의', '어떤'이라는 뜻의 한정사로, any를 포함하는 합성어로 anymore, anyway, anybody 등이 있어요.

›› have difficulty explaining differences 차이점들을 설명하는 것에 어려움을 겪다

565 difficulty [dífikʌ̀lti]
명 어려움, 곤경
Some children have **difficulties** at school.
어떤 아이들은 학교생활에 어려움을 겪는다.
with/without **difficulty** 가까스로[겨우]/어려움 없이[손쉽게]
difficult 형 어려운

566 explain [ikspléin]
동 1 설명하다 2 해명하다
He **explained** how to use the machine. 그는 그 기계의 사용법을 설명했다.
Give me a chance to **explain**. 내게 해명할 기회를 줘.
explanation 명 설명

567 difference [dífərəns]
명 차이(점), 다름
I know the **difference** between right and wrong. 나는 옳고 그름의 차이를 안다.
different 형 다른, 차이가 나는; 여러 가지의

주제: 위치와 방향

568 apart [əpáːrt]
- 부 (시간·공간적으로) 떨어져, 따로
- The two houses are about 500 meters **apart**. 그 두 집은 약 500미터 떨어져 있다.
- We're living **apart** now. 우리는 이제 따로 살고 있다.

569 beyond [bijánd]
- 전 1 |장소| ~의 너머에 2 |시간| ~을 지나서
- The school is just **beyond** those trees. 그 학교는 바로 저 나무들 너머에 있다.
- **beyond** midnight 자정을 지나서

570 distance [dístəns]
- 명 1 거리 2 먼 곳
- What is the **distance** from here to New York? 여기서 뉴욕까지 거리가 얼마인가요?
- in the **distance** 먼 곳에서
- distant 형 먼, (멀리) 떨어져 있는

571 straight [streit]
- 부 똑바로; 곧장 형 곧은, 일직선의
- He was too tired to walk **straight**. 그는 너무 피곤해서 똑바로 걷지 못했다.
- I went **straight** home from school. 나는 학교에서 곧장 집으로 갔다.
- a long, **straight** road 길, 쭉 곧은 도로

572 reach [riːtʃ]
- 동 1 도착하다, 도달하다 ≒ arrive at 2 (손·팔 등이) 닿다
- We **reached** Paris after dark. 우리는 어두워진 후에 파리에 도착했다.
- **reach** the top shelf 맨 위의 선반에 손이 닿다

573 upon [əpán]
- 전 |격식| 1 ~ 위에 ≒ on 2 ~한 즉시 ≒ on
- He carefully put the vase **upon** the table. 그는 조심해서 꽃병을 탁자 위에 놓았다.
- **upon** their arrival 그들의 도착 즉시

574 northern [nɔ́ːrðərn]
- 형 북쪽의, 북쪽에 있는
- He is from **northern** Europe. 그는 북유럽 출신이다.
- north 명 북쪽 형 북쪽의

575 get out of
- ~에서 나가다
- He **got out of** his car in anger. 그는 화가 나서 차에서 내렸다.

576 in the middle of
- 1 ~의 중앙에 2 ~의 도중에
- The boat is **in the middle of** the lake. 그 보트는 호수 한가운데에 있다.
- The phone rang **in the middle of** dinner. 저녁 식사 도중에 전화벨이 울렸다.

DAILY TEST

정답 p.152

[01~06] 다음 단어들을 연결하여 어구를 완성하고 그 뜻을 쓰세요.

01 live   •   • ⓐ difficulty   뜻: _____
02 without   •   • ⓑ Europe   뜻: _____
03 northern   •   • ⓒ apart   뜻: _____
04 a gentle   •   • ⓓ midnight   뜻: _____
05 repeat   •   • ⓔ the question   뜻: _____
06 beyond   •   • ⓕ voice   뜻: _____

[07~10] 다음 밑줄 친 부분과 바꿔 쓸 수 있는 알맞은 표현을 골라 연결하세요.

07 He carefully put the vase <u>upon</u> the table. •   • ⓐ foolish
08 She <u>appears</u> angry.   •   • ⓑ overseas
09 I was <u>stupid</u> enough to believe him.   •   • ⓒ looks
10 You need a passport to go <u>abroad</u>.   •   • ⓓ on

위치와 방향

[11~17] 다음 빈칸에 알맞은 단어를 넣어, 대화를 완성하세요.

A: Hi Cassie! Guess where I am?

B: I have no idea …

A: We're ¹¹_____ _____ the countryside! It's so good to ¹²_____ _____ _____ the city. We are in the ¹³_____ part of the Lake District. From my room, I can see six mountains in the ¹⁴_____. Scotland is not far ¹⁵_____ them.

B: Did it take long to get there?

A: No. We drove ¹⁶_____ up the *freeway until we ¹⁷_____ Windermere.

*freeway: 고속 도로

A: 안녕 캐시! 내가 어디 있는지 맞춰 볼래?
B: 모르겠어…
A: 우리는 시골의 ¹¹**중앙에** 있어! 도시에서 ¹²**벗어나는** 것이 너무 좋아. 우리는 레이크 디스트릭트((잉글랜드의 호수 지방))의 ¹³**북쪽** 지역에 있어. 내 방에서, 나는 ¹⁴**멀리** 여섯 개의 산을 볼 수 있어. 스코틀랜드는 그 산 ¹⁵**너머에서** 멀지 않아.
B: 거기까지 가는 데 시간이 오래 걸렸어?
A: 아니. 우리는 고속도로를 따라 ¹⁶**곧장** 달렸어, 윈더미어((영국의 호수지방의 중심도시))에 ¹⁷**도달할** 때까지 말이야.

DAY 25

>> in **danger** of **disappearing forever** 영원히 사라질 위험에 처해 있는

577 danger
[déindʒər]

명 위험(성)
Police officers face **danger** every day. 경찰관들은 매일 위험에 직면한다.
be in **danger** 위험에 처해있다
dangerous 형 위험한

578 disappear
[dìsəpíər]

동 사라지다 반 appear
The sun **disappeared** behind a cloud. 해가 구름 뒤로 사라졌다.
disappearance 명 사라짐, 소실

579 forever
[fərévər]

부 영원히
Nobody lives **forever**. 아무도 영원히 살지는 못한다.

>> **continue** to **remain silent** for a **while** 한동안 계속 침묵하다

580 continue
[kəntínjuː]

동 계속되다; 계속하다
The rain **continued** for two days. 비는 이틀 동안이나 계속되었다.
The dog **continued** to follow me. 그 개는 계속해서 나를 따라왔다.

581 remain
[riméin]

동 1 계속[여전히] ~이다 2 남다 명 (-s) 남은 것; 유물
We **remain** friends. 우리는 여전히 친구로 지낸다.
Out of ten cookies, only two **remain**. 쿠키 열 개 중, 두 개만 남았다.
the **remains** of lunch 점심 먹고 남은 것

582 silent
[sáilənt]

형 침묵하는; 조용한
Please be **silent** during the movie. 영화 상영 중에는 조용히 해 주세요.
The house was **silent**. 그 집은 조용했다.
silence 명 고요, 정적; 침묵

583 while
[wail]

접 1 ~하는 동안 2 ~인 데 반하여 명 잠깐, 잠시
He called **while** I was out. 내가 밖에 있는 동안에 그가 전화했다.
Tom is very funny, **while** Emma is serious. 엠마가 진지한 데 반해, 톰은 매우 웃긴다.
after a **while** 잠시 후에

›› surprisingly, slave markets still exist today 놀랍게도, 오늘날 아직도 노예 시장이 존재한다

584 surprisingly [sərpráiziŋli]
- 부 놀랍게도; 의외로
- The score was **surprisingly** high. 그 점수는 의외로 높았다.
- surprising 형 놀라운

585 slave [sleiv]
- 명 노예
- **Slaves** don't have freedom. 노예들에게는 자유가 없다.

586 servant [sə́ːrvənt]
- 명 1 하인 2 (조직 등의) 고용인
- She has **servants** to do all her work for her.
  그녀는 자신을 위해 모든 일을 해주는 하인들이 있다.
- a public **servant** 공무원

> **Word Link**
> 다른 사람에게 소유되는 slave와 달리, servant는 역사적으로 청소, 요리 같은 일을 하며 부잣집의 살림을 도왔던 유형의 노동자를 말해요.

587 still [stil]
- 부 아직도, 여전히   형 가만히 있는
- The man **still** lives with his parents. 그 남자는 아직도 부모님과 함께 산다.
- Keep **still** while I tie your shoe. 내가 네 신발끈을 묶는 동안 가만히 있어라.

588 exist [igzíst]
- 동 존재하다
- Do you think ghosts really **exist**? 너는 귀신이 정말로 존재한다고 생각하니?
- existence 명 존재

›› the wheels sink into the mud 바퀴가 진흙에 빠지다

589 wheel [wiːl]
- 명 1 바퀴 2 (자동차의) 운전대 (=steering wheel)
- The back **wheel** of my bike is broken. 내 자전거의 뒷바퀴가 망가졌다.
- take the **wheel** 운전대를 잡다

590 sink [siŋk]
- 동 (sank-sunk) 가라앉다 반 float   명 싱크대
- The boat **sank** to the bottom of the lake. 그 보트는 호수 바닥으로 가라앉았다.
- leave dirty plates in the **sink** 싱크대에 더러운 접시들을 두다

591 mud [mʌd]
- 명 진흙
- My shoes are covered in **mud**. 내 신발이 진흙으로 뒤덮였다.
- muddy 형 진창인, 진흙투성이인

주제: 사회문제

592 fake [feik]
- 형 가짜의 명 모조[위조]품
- Today, **fake** money is a serious problem. 오늘날, 위조 지폐는 심각한 문제다.

593 beg [beg]
- 동 1 간청[애원]하다 2 구걸하다
- We **begged** a police officer for help. 우리는 경찰관에게 도와 달라고 간청했다.
- The children were **begging** for food. 그 아이들은 음식을 구걸하고 있었다.
- **beggar** 명 거지

594 unfair [ʌnféər]
- 형 불공평한, 부당한 반 fair
- We live in a very **unfair** world. 우리는 매우 불공평한 세상에 산다.

595 waste [weist]
- 명 1 낭비 2 쓰레기 동 낭비하다
- It's a **waste** to throw food away. 음식을 버리는 것은 낭비다.
- We need to recycle **waste**. 우리는 쓰레기를 재활용해야 한다.
- **waste** water and energy 물과 에너지를 낭비하다

596 solution [səlúːʃən]
- 명 해법, 해결책; 해답 유 answer
- There's no easy **solution** to world hunger. 세계 기아에 대해서는 쉬운 해결책이 없다.
- **solve** 동 (문제 등을) 풀다, 해결하다

597 action [ǽkʃən]
- 명 1 행동, 조치 2 동작
- We must take **action** to stop gun violence. 우리는 총기 폭력을 막기 위해 조치를 취해야 한다.
- His quick **action** saved her life. 그의 빠른 동작이 그녀의 목숨을 구했다.
- **act** 동 행동하다; 연기하다 명 행동

598 choice [tʃɔis]
- 명 1 선택(하는 행동) 2 선택권
- People should have freedom of **choice**. 사람은 선택의 자유를 가져야 한다.
- **choose** 동 선택하다, 고르다

599 over and over (again)
- 반복해서
- Accidents will happen **over and over again**. 사고는 반복해서 일어날 것이다.

600 be worried about
- ~에 대해 걱정하다
- Everyone **is worried about** rising prices. 모두가 치솟는 물가에 대해 걱정한다.

DAILY TEST

정답 p.152

[01~12] 영어는 우리말로, 우리말은 영어로 쓰세요.

01 remain _____
02 sink _____
03 continue _____
04 servant _____
05 still _____
06 fake _____

07 존재하다 _____
08 진흙 _____
09 사라지다 _____
10 불공평한, 부당한 _____
11 영원히 _____
12 노예 _____

[13~17] 다음 괄호 안에서 알맞은 말을 고르세요.

13 Please be (silent / silence) during the movie.
14 Do you think ghosts really (existence / exist)?
15 Police officers face (danger / dangerous) every day.
16 The score was (surprising / surprisingly) high.
17 My shoes are covered in (mud / muddy).

사회문제
[18~25] 다음 빈칸에 알맞은 단어를 넣어, 이야기를 완성하세요.

I'm so ¹⁸_____ _____ plastic ¹⁹_____. It's harming our ocean wildlife. ²⁰_____ and _____, we see photos of plastics floating in our seas. It's so ²¹_____. Our lifestyle ²²_____ make a difference. We are part of the ²³_____. So, I'm ²⁴_____ you: Stop using single-use plastics. Start by using cardboard cups and bamboo forks when you eat fast food. Take ²⁵_____ now!

나는 플라스틱 ¹⁹쓰레기에 대해 너무 ¹⁸걱정이에요. 그것은 우리 해양 야생 동물들에게 해를 끼치고 있어요. 우리는 바다에 떠다니는 플라스틱 사진을 ²⁰반복해서 봐요. 그건 너무 ²¹부당해요. 우리의 삶의 방식의 ²²선택들이 차이를 만들어내죠. 우리가 바로 ²³해결책의 일부분이에요. 그래서 여러분께 ²⁴간청하고 있는 겁니다. 일회용 플라스틱 사용을 멈추세요. 패스트푸드를 먹을 때 판지 컵들과 대나무 포크들을 사용하는 것부터 시작하세요. 지금 ²⁵조치를 취하세요!

REVIEW TEST DAY 21~25

A 덩어리 표현   우리말에 맞게 빈칸을 채워 핵심 표현을 완성하세요.

01 send _____ to the _____   챔피언에게 축하 인사를 전하다

02 a flood _____ the _____ village   홍수가 마을 전체를 파괴하다

03 a successful _____ _____   성공한 여성 건축가

04 _____ get mad for no _____   이유 없이 갑자기 화내다

05 a _____ _____ for visitors to Korea   한국 방문자들을 위한 완전한 안내서

06 _____ global _____ levels   세계적인 오염의 정도를 낮추다

07 neither of us prepared _____ for the _____   우리 둘 중 누구도 아직 대회 준비를 못했다

08 _____ your thoughts in a _____   발표에 자신의 생각을 포함시키다

09 _____ the possibility of heart _____   심장병의 가능성을 언급하다

10 _____ a _____ machine   복사기를 수리하다

11 Ever _____ how a _____ is formed?   계곡이 어떻게 형성되는지 궁금해 본 적 있는가?

12 _____ since _____   태어났을 때부터 눈이 먼

13 appear to be more _____ _____   해외에서 더 인기 있는 것 같다

14 your usual _____ _____   너의 평소 겸손한 모습

15 not _____ stupid mistakes _____   더 이상 어리석은 실수를 반복하지 않다

16 have _____ explaining _____   차이점들을 설명하는 것에 어려움을 겪다

17 in _____ of disappearing _____   영원히 사라질 위험에 처해 있는

18 continue to _____ _____ for a while   한동안 계속 침묵하다[침묵을 지키다]

19 _____, slave markets still _____ today   놀랍게도, 오늘날 아직도 노예 시장이 존재한다

20 the wheels _____ into the _____   바퀴가 진흙에 빠지다

B 주제별 어휘
우리말에 맞게 빈칸을 채워 문장을 완성하세요.

사물과 도구

01 He discovered boxes of _____ and strange _____.
그는 연장들과 이상한 기구들이 든 상자들을 발견했다.

02 _____, old hammers, different types of _____
사슬들, 오래된 망치들, 다양한 종류의 튜브들

03 _____ and pens were organized neatly in her desk drawer.
그녀의 책상 서랍에는 우표들과 펜들이 가지런히 정리되어 있었다.

동작

04 _____ _____ _____, they walked there together.
서로 손을 잡고, 그들은 그곳으로 함께 걸어갔다.

05 "_____ _____," said his wife.
"기다려요"라고 그의 아내가 말했다.

06 They _____ on one leg.
그들은 한쪽 다리로 포즈를 취했다.

사건과 사고

07 The car _____ _____ _____.
자동차 경보기가 울렸다.

08 The driver was _____.
그 운전자는 살아 있었다.

09 I can't _____, though.
하지만, 나는 그를 용서할 수 없어.

위치와 방향

10 It's so good to _____ _____ _____ the city.
도시에서 벗어나는 것이 너무 좋다.

11 We are in the _____ part of the Lake District.
우리는 레이크 디스트릭트((잉글랜드의 호수 지방))의 북쪽 지역에 있다.

12 From my room, I can see six mountains in the _____.
내 방에서, 나는 멀리 여섯 개의 산을 볼 수 있다.

사회문제

13 Our lifestyle _____ make a difference.
우리의 삶의 방식의 선택들이 차이를 만들어낸다.

14 We are part of the _____.
우리가 바로 그 해결책의 일부분이다.

15 I'm _____ you: Stop using single-use plastics.
내가 여러분께 간청하고 있다. 일회용 플라스틱 사용을 멈추라고.

영어 이야기

현지영어 엿보기!

'행운을 빈다'라는 의미의 Fingers Crossed

'Fingers crossed'라는 말은 '행운을 빈다'라는 의미를 가지고 있어요. 말 그대로 검지와 중지를 겹쳐 보여주는 제스처이죠. 그래서 이 제스처를 취하고 "I'll keep my fingers crossed."라고 말하면 "행운을 빌게"라는 의미가 됩니다. 한편 등 뒤로 남몰래 이 동작을 취한다면 그것은 다른 의미가 돼요. 주로 누군가에게 거짓말을 할 때, 혹은 나에게 운이 따르길 바랄 때 사용해요.

'패배자'를 의미하는 L자 손동작

엄지와 검지로 L자를 만들어 이마에 붙이는 동작은 자신 또는 상대방을 조롱할 때 쓰는 제스처예요. 이는 Loser의 L에서 따온 포즈로, 실패자 혹은 패배자를 뜻합니다. "넌 날 이길 수 없어"라는 의미인 것이죠. 누군가를 비난하는 용도로 쓰이는 손동작이니 사용하지 않는 것이 좋겠죠?

'모욕'을 뜻하기도 하는 V자 손동작

사진을 찍을 때 우리가 흔히 취하는 제스처 중 V모양을 한 손동작이 있죠. 그런데 이 제스처가 다른 나라에서는 부정적인 의미를 가지고 있다는 사실, 알고 있나요? 영국, 아일랜드, 호주, 뉴질랜드에서는 손등이 보이는 V제스처가 '모욕'을 뜻하는 행동으로 시비 거는 것으로 간주된다고 해요. 반면, 미국이나 캐나다에서는 이 제스처가 평화와 승리를 의미해요. 일부 지역에서는 모욕감을 주는 표현이 될 수 있으니 주의해야겠죠?

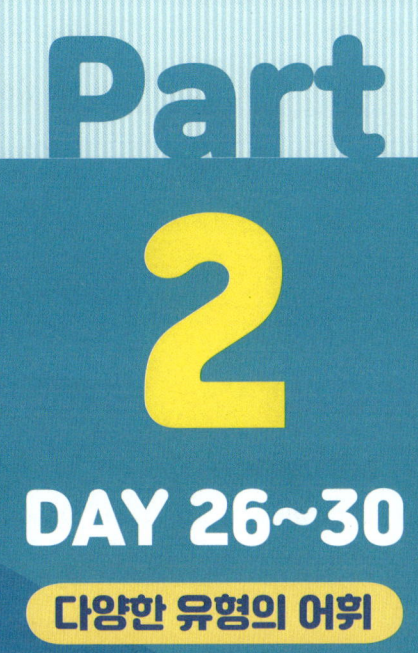

Part 2

DAY 26~30

다양한 유형의 어휘

DAY 26

다의어 1 >> 의외의 뜻을 갖고 있는 어휘

601 plant [plænt]

명 1 식물 동 (식물을) 심다
Don't forget to water the **plants**. 식물에 물 주는 거 잊지 마.
We **planted** carrots in the garden. 우리는 정원에 당근을 심었다.

명 2 공장 ⊕ factory
He works at an ice-cream **plant**. 그는 아이스크림 공장에서 일한다.

602 race [reis]

명 1 경주, 경기
She came third in the **race**. 그녀는 그 경주에서 세 번째로 들어왔다.

명 2 인종
people of all **races** and colors 모든 인종과 피부색의 사람들
racial 형 인종의

603 sentence [séntəns]

명 1 문장
Describe his life in one **sentence**. 그의 인생을 한 문장으로 묘사해 봐.

명 2 형, 형벌 동 (형을) 선고하다
He got a two-year prison **sentence**. 그는 2년 징역형을 받았다.
be **sentenced** to death 사형 선고받다

604 desert [dézərt]

명 사막
Most of North Africa is **desert**. 남아프리카의 대부분은 사막이다.

동 [dizə́ːrt] (사람·장소 등을) 버리다, 떠나다
The man **deserted** his family. 그 남자는 자신의 가족을 저버렸다.
deserted 형 사람이 없는, 인적이 끊긴

다의어 2 >> 뜻이 확장되는 어휘

605 capital [kǽpətl]

명 1 (중요한 도시) 수도
The **capital** of Peru is Lima. 페루의 수도는 리마이다.

명 2 (중요한 내용을 강조할 때) 대문자
The first word in an English sentence begins with a **capital**.
영어 문장에서 첫 글자는 대문자로 시작한다.

> **Word Tip**
> capi(=head) + tal
> → 머리는 신체의 중요한 부위

606 examination
[ɪgzæmənéɪʃən]

Word Tip
ex(=out) + amine(=move) → 밖으로 꺼내서 보는 것

명 1 (지식을 꺼내 보이는 것) 시험 ≒ exam
The final **examination** will take place soon. 곧 기말시험이 있을 것이다.

명 2 (무언가를 꺼내 살피는 것) 조사[검토]; 검사[검진]
a careful **examination** of the facts 사실들에 대한 세심한 검토
a medical **examination** 의료적 검사[진찰]

examine 동 조사[검토]하다; 검사하다, 진찰하다

607 taste
[teɪst]

명 1 맛; 미각   동 맛이 나다; 맛보다
The medicine has a bitter **taste**. 그 약은 쓴 맛을 갖고 있다.
The soup **tastes** salty. 그 수프는 맛이 짜다.

명 2 (내 입에 맞는 맛) 기호, 취향
He asked about my **taste** in music. 그는 나의 음악 취향에 대해 물었다.

tasty 형 맛있는

608 master
[mǽstər]

명 1 주인
The dog saved its **master**'s life. 그 개가 주인의 목숨을 구했다.

명 2 달인, 대가   동 (어떤 일의 달인이다) 숙달하다, 완전히 익히다
She is a chess **master**. 그녀는 체스 대가이다.
master a new language 새 언어를 완전히 익히다[마스터하다]

609 hang
[hæŋ]

동 (hung-hung) 1 걸다, 매달다; 걸려 있다
I **hung** the poster on the wall. 나는 벽에 그 포스터를 걸었다.
Your coat is **hanging** in the closet. 너의 코트는 그 벽장에 걸려 있다.

동 (hanged-hanged) 2 (죄인의 목을 매달다) 교수형에 처하다
He was **hanged** for murder. 그는 살인죄로 교수형에 처해졌다.

610 mind
[maɪnd]

명 마음, 정신
The event is still fresh in our **minds**. 그 사건은 여전히 우리 마음 속에 생생하다.

동 (안 좋게 마음이 쓰이다) |부정문·의문문| 언짢아 하다, 상관하다
I hope you don't **mind** the noise. 좀 시끄러워도 언짢아하지 않길 바란다.

611 branch
[bræntʃ]

명 1 나뭇가지
A large **branch** fell into my yard.
큰 나뭇가지가 우리 마당에 떨어졌다.

명 2 (나뭇가지처럼 본사에서 뻗어 나가는) 분점, 지점
The bank has a **branch** in LA. 그 은행은 LA에 분점이 있다.

다의어 3 >> 다양한 뜻을 갖고 있는 어휘

612 direct
[dirékt, dairékt]

Word Tip
다른 곳을 거치지 않고 똑바로 향하게 한다는 의미를 가지고 있어요.

형 직접적인 ⊕ indirect
We learn through **direct** experience. 우리는 직접적인 경험을 통해 배운다.

동 1 지휘[총괄]하다
2 (길을) 안내하다, 가리키다
She **directs** a large project. 그녀는 큰 프로젝트를 총괄한다.
Can you **direct** me to the station? 역으로 가는 길 좀 알려주시겠어요?

direction 명 방향; (-s) 명령, 지시

---

613 natural
[nǽtʃərəl]

형 1 자연의, 천연의
2 (인위적이지 않은) 타고난
3 (자연스러운) 당연한

The room has good **natural** light. 그 방은 자연광이 잘 들어온다.
He's a **natural** athlete. 그는 타고난 운동선수이다.
a **natural** result/mistake 당연한 결과/어쩔 수 없는 실수

nature 명 자연; 천성, 본성

---

614 grade
[greid]

Word Tip
어원 'grad(단계)'에서 만들어진 단어예요.

명 1 등급
2 (학교에서의 단계) 학년
3 (시험 결과에 따라 부여받는 단계) 성적

These are the top **grade** of eggs. 이것들은 최고 등급의 달걀들이다.
Lisa is in sixth **grade**. 리사는 6학년이다.
He got a bad **grade** in math. 그는 수학에서 나쁜 성적을 받았다.

---

615 chance
[tʃæns]

명 1 가능성 ⊜ possibility
2 기회 ⊜ opportunity
3 우연

Is there any **chance** of winning? 이길 가능성이 있나요?
You missed your last **chance**. 너는 너의 마지막 기회를 놓쳤다.
I met him by **chance** at the airport. 나는 공항에서 우연히 그를 만났다.

---

616 right
[rait]

Word Tip
대부분의 사람이 오른손잡이이고 왼손잡이를 예외적인 것으로 취급하는 경향으로 인해 오른쪽에 '옳다'라는 의미가 붙기 시작한 것에서 유래해요.

형 1 맞는, 정확한 ⊕ wrong
2 (도덕상) 옳은, 올바른 ⊕ wrong
3 오른쪽의 ⊕ left

Is that clock **right**? 저 시계가 맞나요?
You've made the **right** decision. 너는 올바른 선택을 했다.

명 1 오른쪽 ⊕ left
2 (옳은 것을 요구할 수 있는 힘) 권리

Everyone has a **right** to vote. 모든 사람은 투표할 권리가 있다.

617 review
[rivjúː]

Word Tip
re(=again) + view(=see) → 다시 보다

명 동 **1** 재검토(하다)
I need time to **review** the situation. 나는 상황을 재검토할 시간이 필요하다.

명 동 (책, 영화 등을 검토하다) **2** 논평[비평](하다)
The movie got good **reviews**. 그 영화는 호평을 받았다.

명 동 (배운 것을 다시 보다) **3** 복습(하다)
I **reviewed** my notes before the test. 나는 시험 전에 내 노트를 복습했다.

618 stand
[stænd]

동 (stood-stood) **1** 서다
2 (물러서지 않고 마주 서다) 참다, 견디다
He **stood** next to me. 그가 내 옆에 섰다.
I couldn't **stand** the pain. 나는 그 고통을 참을 수가 없었다.

명 (물건을 놓아 밖에 세워 두다) 가판대, 좌판
a newspaper **stand** 신문 가판대

DAILY TEST

정답 p.152

[01~07] 다음 문장을 읽고, 밑줄 친 부분의 뜻을 쓰세요.

01 He <u>was hanged</u> for murder.   뜻: _____
02 He asked about my <u>taste</u> in music.   뜻: _____
03 Can you <u>direct</u> me to the station?   뜻: _____
04 These are the top <u>grade</u> of eggs.   뜻: _____
05 He got a two-year prison <u>sentence</u>.   뜻: _____
06 I couldn't <u>stand</u> the pain.   뜻: _____
07 The man <u>deserted</u> his family.   뜻: _____

[08~10] 다음 밑줄 친 부분의 유의어 또는 반의어를 고르세요.

08 You've made the <u>right</u> decision.   [반의어] ⓐ left   ⓑ wrong
09 He works at an ice-cream <u>plant</u>.   [유의어] ⓐ branch   ⓑ factory
10 You missed your last <u>chance</u>.   [유의어] ⓐ opportunity   ⓑ possibility

DAY 27

다의어 1 » 의외의 뜻을 갖고 있는 어휘

619 succeed [səksíːd]

동 1 성공하다 반 fail
Our plan **succeeded**. 우리 계획이 성공했다.

동 2 계승하다
Elizabeth **succeeded** Mary as Queen.
엘리자베스가 메리의 뒤를 이어 여왕이 되었다.

success 명 성공 **successful** 형 성공한, 성공적인

620 tear [tiər]

명 눈물
Her eyes filled with **tears**. 그녀의 눈에 눈물이 차 올랐다.

동 [tɛər] (tore-torn) 찢다; 찢어지다
He **tore** the paper in half. 그는 그 종이를 반으로 찢었다.

621 match [mætʃ]

명 1 경기, 시합 유 game, contest
I watched the soccer **match** on TV. 나는 TV로 축구 경기를 봤다.

명 2 성냥
a box of **matches** 성냥 한 통

동 어울리다
Your shoes don't **match** your clothes. 네 신발은 옷과 어울리지 않는다.

622 save [seiv]

동 1 구하다 유 rescue
Seat belts can **save** many lives. 안전벨트가 많은 생명을 구할 수 있다.

동 2 (돈을 따로 떼어 두다) (돈을) 모으다, 저축하다
I am not very good at **saving** money. 나는 저축을 잘 못한다.

> **Word Tip**
> '따로 떼어 두다'라는 기본 의미를 갖고 있어요.

다의어 2 » 뜻이 확장되는 어휘

623 flat [flæt]

형 1 평평한
Tennis courts must be **flat**. 테니스 코트는 평평해야 한다.

형 2 (타이어가 평평한) 바람이 빠진, 펑크가 난
I got a **flat** tire. 타이어가 펑크났다.

624 uniform
[júːnəfɔːrm]

Word Tip
uni(=one) + form → 하나의 형태

명 제복, 유니폼
He is wearing a police **uniform**. 그는 경찰복을 입고 있다.

형 균일한
The cookies are **uniform** in size. 그 쿠키는 크기가 균일하다.

625 miss
[mis]

동 1 (닿지 못하고) 빗나가다; (기회·탈것 등을) 놓치다
The arrow **missed** the target. 그 화살은 과녁을 빗나갔다.
I **missed** the plane. 나는 그 비행기를 놓쳤다.

동 2 (누군가 함께 있을 기회를 놓쳐) 그리워하다
Will they **miss** me? 그들이 나를 그리워할까?

626 fix
[fiks]

동 1 수리하다[고치다] ㈜ repair
He couldn't **fix** my old computer. 그는 내 오래된 컴퓨터를 고칠 수 없었다.

동 2 고정시키다 → 동 3 (날짜, 시간 등을 고정시키다) 정하다
Fix the table to the floor. 그 탁자를 바닥에 고정시켜라.
fix a time for the next meeting 다음 회의 시간을 정하다

627 track
[træk]

명 1 (밟아서 생긴) 길
We walked along a dirt **track**. 우리는 흙길을 따라 걸었다.

명 2 지나간 자국, 흔적 → 동 (흔적을 따라) 추적하다[뒤쫓다]
Police found tire **tracks** in the mud. 경찰은 진흙 속 타이어 자국을 발견했다.
The hunter **tracked** the bear. 그 사냥꾼은 곰을 뒤쫓았다.

628 figure
[fígjər]

Word Tip
'모양', '형태'라는 기본 의미를 갖고 있어요.

명 1 (수를 형상화한 것) 수치; 숫자
Sales **figures** continued to rise. 판매 수치가 계속해서 올라갔다.

명 2 (형태가 더 잘 보이는 사람) (언급된 유형의) 인물
a key **figure** in the organization 그 조직의 핵심 인물

629 character
[kǽriktər]

명 1 성격, 성질; 특징
He has an honest **character**. 그는 정직한 성격을 갖고 있다.
the unique **character** of the town 그 마을의 독특한 특징

명 2 (극중 특유의 성격과 특징을 가진 사람) 등장인물
She plays the film's main **character**.
그녀는 그 영화의 주인공 역을 한다.

다의어 3 >> 다양한 뜻을 갖고 있는 어휘

630 order [ɔ́ːrdər]

Word Tip
고대 프랑스어 ordre의 '계급', '규칙'에서 유래해요.

명 순서
The pages are in the wrong **order**. 페이지가 잘못된 순서로 되어 있다.

동 1 명령하다
2 (식당에서 어떤 것을 명령하다) 주문하다
He **ordered** us not to move. 그는 우리에게 움직이지 말라고 명령했다.
Are you ready to **order**? 주문하시겠습니까?

---

631 object [ábdʒikt]

Word Tip
ob(=before; against) + ject(=throw) → 앞에 던지다; 반대로 던지다

명 1 물건, 물체
2 (앞에 놓인 것) 목표, 목적
The only **object** in the room is a chair. 그 방에 있는 유일한 물건은 의자다.
the **object** of the game 그 게임의 목적

동 [əbdʒékt] (반대 의견을 던지다) 반대하다 ((to))
object to the building of the new airport 신공항 건설을 반대하다

---

632 field [fiːld]

Word Tip
야구, 축구 경기가 들판에서 펼쳐진 것에서 유래해요.

명 1 들판 2 경기장 3 분야
I see some cows on the green **field**. 녹색 들판에 몇 마리의 소가 보인다.
He ran across the soccer **field**. 그는 그 축구 경기장을 가로질러 달렸다.
a global leader in the **field** of science 과학 분야의 세계적인 리더

---

633 step [step]

명 1 (발)걸음
2 (한 걸음씩 밟아 올라가는 것) 단계 유 stage
3 (사건 발생 시, 발걸음을 빨리 움직이다) 조치
He took one **step** and fell. 그는 한 걸음을 내딛고 넘어졌다.
What should our next **step** be? 다음 단계로 무엇을 해야 할까요?
take **steps** to stop pollution 오염을 막기 위한 조치를 취하다

---

634 present [préznt]

Word Tip
pre(=before, in front of) + sent(=be) → 앞에 있다

형 1 현재의
The **present** situation is not good for us. 현재 상황이 우리에게 좋지 않다.

형 2 (현재 앞에 있는) 참석[출석]한 반 absent
All the students are **present**. 그 학생들 모두 출석했다.

명 (눈앞에 둔 것) 선물 유 gift
He gave me this book as a **present**. 그는 선물로 내게 이 책을 주었다.

동 [prizént] (눈앞에 내밀다) 주다, 수여[증정]하다
They **presented** an award to her. 그들은 그녀에게 상을 주었다.

635 **sign** [sain]

Word Tip
라틴어 signare의 '표시를 하다'에서 유래해요.

명 1 표지판
2 (어떤 일이 일어날 것 같은 표시) 징후, 조짐
Follow the road **signs**. 그 도로 표지판을 따라가시오.
Headaches are a **sign** of stress. 두통은 스트레스의 징후이다.

동 (종이에 이름을 써 표시를 하다) 서명하다
The artist **signed** his name on the back of the painting.
그 화가는 그림 뒤쪽에 서명했다.

636 **well** [wel]

부 잘, 훌륭하게; 충분히, 완전히
We played **well**, but we lost. 우리는 경기를 잘 했지만 졌다.
Add sugar and mix **well**. 설탕을 넣고 잘 섞어라.

형 (좋은 또는 완전한 몸 상태) 건강한 ⊕ healthy
I hope you get **well** soon. 빨리 건강해지길 바라.

명 우물
lower a bucket into the **well** 우물 속으로 양동이를 내리다

DAILY TEST

정답 p.153

[01~07] 다음 문장을 읽고, 밑줄 친 부분의 뜻을 쓰세요.

01 I got a <u>flat</u> tire. 뜻: _____
02 Headaches are a <u>sign</u> of stress. 뜻: _____
03 He took one <u>step</u> and fell. 뜻: _____
04 Your shoes don't <u>match</u> your clothes. 뜻: _____
05 The cookies are <u>uniform</u> in size. 뜻: _____
06 He <u>ordered</u> us not to move. 뜻: _____
07 She plays the film's main <u>character</u>. 뜻: _____

[08~10] 다음 밑줄 친 부분의 유의어 또는 반의어를 고르세요.

08 All the students are <u>present</u>. [반의어] ⓐ absent ⓑ gift
09 I hope you get <u>well</u> soon. [유의어] ⓐ healthy ⓑ lucky
10 He couldn't <u>fix</u> my old computer. [유의어] ⓐ break ⓑ repair

DAY 28

합성어 >> 두 개 이상의 단어가 결합된 어휘

---

637 anytime
[énitàim]

any(어느, 어떤) + time(시간) → 어느[어떤] 시간이든 → 언제든지

튀 언제든지

Call me **anytime**. I'm always home.
언제든지 내게 전화해. 나는 항상 집에 있으니.

---

638 artwork
[áːrtwəːrk]

art(미술, 예술) + work(작품, 저작물) → 미술작품

명 1 삽화 2 미술품

The painter is selling his **artwork** on the street.
그 화가는 거리에서 자신의 미술품을 팔고 있다.

---

639 background
[bǽkgràund]

back(뒤) + ground(땅, 지면) → 뒤에 보이는 땅 → 배경

명 1 (사람·사진 등의) 배경 2 (일의) 배경; 배후 사정

Do you know anything about his **background**?
당신은 그의 배경에 대해 아는 것이 있나요?

background information 배경 정보

---

640 beside
[bisáid]

be(~이 있다) + side(옆) → ~옆에 (있는)

전 ~의 옆에 윤 next to, by

He came up and sat **beside** me. 그는 다가와서 내 옆에 앉았다.

참고 besides ~외에; 게다가

---

641 daytime
[déitàim]

day(낮) + time(시간) → 낮 시간 → 주간

명 낮, 주간 반 nighttime

I can't sleep in the **daytime**. 나는 낮에는 잠을 잘 수가 없다.

---

642 downtown
[dàuntáun]

down(~의 아래로) + town(도시, 시내) → 도시 아래에 → 시내에

튀 시내에, 도심지의

I have to go **downtown** later. 나는 나중에 시내에 가야 한다.

643 footprint
[fútprìnt]

foot(발) + print(누른 자국) → 발로 누른 자국 → 발자국

명 발자국

I followed the **footprints** of a deer in the snow.
나는 눈 속에 있는 사슴의 발자국을 따라 갔다.

644 headache
[hédèik]

head(머리) + ache(아픔) → 머리가 아픔 → 두통

명 두통

I have a really bad **headache**. 나는 매우 심한 두통을 앓고 있다.

645 underground
[ʌ́ndərgràund]

under(~아래에) + ground(땅, 지면) → 땅 아래에 → 지하에

형 지하의 부 지하에

an **underground** cave 지하 동굴
Moles live **underground**. 두더지는 땅속에 산다.

646 indoor
[índɔ̀ːr]

in(~안에) + door(문) → 문의 안쪽에서 → 실내에

형 실내의 반 outdoor 부 (-s) 실내에서 반 outdoors

The center has an **indoor** tennis court.
그 센터에는 실내 테니스 코트가 있다.

stay **indoors** 실내에서 머물다

647 lifetime
[laiftaim]

life(인생, 삶) + time(시간) → 인생의 시간 → 일생, 평생

명 일생, 평생

He visited every country at least once in his **lifetime**.
그는 일생에 적어도 한 번은 모든 나라를 방문했다.

648 moonlight
[múːnlàit]

moon(달) + light(빛) → 달빛

명 달빛

We went for a walk by **moonlight**. 우리는 달빛을 받으며 산책을 갔다.

649 weekday
[wíːkdèi]

week(주, 일주일) + day(날) → 한 주에 있는 날 → (주말이 아닌) 평일

명 평일

We go to school on **weekdays**. 우리는 평일에 학교에 간다.

참고 weekend 주말(토요일과 일요일)

650 outdoor
[áutdɔ̀:r]

out(밖에) + door(문) → 문밖에 → 야외의

형 야외의 반 indoor 부 (-s) 야외에서 반 indoors

There's a huge **outdoor** market. 큰 야외 시장이 있다.
She usually works **outdoors**. 그녀는 보통 밖에서 일한다.

651 restroom
[réstrù:m]

rest(휴식) + room(방, 실) → 볼일을 보고, 쉬어 갈 수 있는 공간

명 (공공장소의) 화장실

Excuse me, but where is the nearest **restroom**?
실례지만, 가장 가까운 화장실이 어디에 있나요?

참고 bathroom 욕실, 화장실(욕조나 샤워부스가 있을 수도 있음)

652 schoolyard
[skú:ljà:rd]

school(학교) + yard(마당, 뜰) → 학교 마당 → 운동장

명 (학교) 운동장 유 playground

Children are playing soccer in the **schoolyard**.
아이들이 운동장에서 축구를 하고 있다.

653 sometime
[sʌ́mtàim]

some(어떤) + time(시간) → 어떤 시간에 → 언젠가

부 언젠가, 언제

I saw her **sometime** last spring. 내가 작년 봄 언젠가 그녀를 보았다.
Please come to visit **sometime**. 언제 한번 놀러 오세요.

654 upstairs
[ʌpstéərz]

up(위에) + stairs(계단) → 계단 위에 → 위층에

부 위층에[으로] 반 downstairs 형 위층의 반 downstairs

He carried her bags **upstairs**. 그는 그녀의 가방을 위층으로 날랐다.
an **upstairs** room 2층 방

655 stomachache
[stʌ́məkèik]

stomach(배, 복부) + ache(아픔) → 배가 아픔 → 복통

명 위통, 복통

I had a **stomachache** after dinner. 저녁 식사 후에 나는 배가 아팠다.

656 housework
[háuswə̀:rk]

house(집) + work(일) → 집에서 하는 일 → 집안일

명 가사, 집안일

He doesn't like doing **housework**. 그는 집안일 하는 것을 좋아하지 않는다.

657 **sunlight**
[sʌ́nlàit]
sun(태양) + light(빛) → 태양의 빛 → 햇빛

명 햇빛, 햇볕

The **sunlight** hurt my eyes. 햇빛이 내 눈을 아프게 했다.

658 **toothache**
[túːθèik]
tooth(이, 치아) + ache(아픔) → 이가 아픔 → 이앓이

명 치통[이앓이]

I had a terrible **toothache** last night. 나는 지난 밤 매우 이가 아팠다.

659 **spaceship**
[spéisʃìp]
space(우주) + ship(배, 선박) → 우주의 선박 → 우주선

명 우주선 유 spacecraft

I want to ride a **spaceship** and go to Mars!
나는 우주선을 타고 화성에 가고 싶어!

660 **mealtime**
[míltàim]
meal(식사[끼니]) + time(시간) → 식사 시간

명 식사 시간

They all get together at **mealtimes**. 그들은 식사 시간에 모두 모인다.

DAILY TEST

정답 p.153

[01~12] 영어는 우리말로, 우리말은 영어로 쓰세요.

01 beside _____
02 background _____
03 schoolyard _____
04 anytime _____
05 downtown _____
06 footprint _____

07 가사, 집안일 _____
08 삽화; 미술품 _____
09 (공공장소의) 화장실 _____
10 달빛 _____
11 언젠가, 언제 _____
12 일생, 평생 _____

[13~14] Guess! 밑줄 친 합성어의 뜻을 유추해보세요.

13 I have trouble walking because of a <u>backache</u>. 나는 _____ 때문에 걷기가 힘들다.

14 The <u>outside</u> of the building needs painting. 그 건물의 _____ 에 페인트칠을 해야 한다.

DAY 29

관용표현 >> 습관처럼 써서 굳어진 표현들

661 **sticky** [stíki]	형 끈적거리는, 달라붙는	673 **however** [hauévər]	부 그러나, 그렇지만
662 **steal** [stiːl]	동 (stole-stolen) 훔치다	674 **brick** [brik]	명 벽돌
663 **museum** [mjuːzíːəm]	명 박물관	675 **curious** [kjúəriəs]	형 궁금한; 호기심이 많은
664 **worried** [wɔ́ːrid]	형 걱정하는, 걱정스러워하는	676 **envelope** [énvəlòup]	명 봉투
665 **chew** [tʃuː]	동 (음식을) 씹다	677 **remember** [rimémbər]	동 기억하다; 기억나다 반 forget
666 **wisely** [wáizli]	부 현명하게	678 **curiosity** [kjùəriásəti]	명 호기심
667 **breath** [breθ]	명 숨, 호흡	679 **certainly** [sə́ːrtnli]	부 틀림없이, 확실히
668 **forget** [fərgét]	동 (forgot-forgotten) 잊다; 잊어버리다 반 remember	680 **burn** [bəːrn]	동 (불에) 타다; 태우다
669 **someday** [sʌ́mdèi]	부 언젠가, 훗날	681 **although** [ɔːlðóu]	접 비록 ~일지라도 유 though
670 **favorite** [féivərit]	형 매우 좋아하는	682 **helpful** [hélpfəl]	형 도움이 되는 유 useful
671 **useless** [júːslis]	형 소용없는, 쓸모 없는 반 useful, helpful	683 **bottom** [bátəm]	명 맨 아래 형 맨 아래의 반 top
672 **spill** [spil]	동 쏟아지다; 쏟다, 흘리다	684 **kindness** [káindnis]	명 친절

have sticky fingers 손버릇이 나쁘다[도벽이 있다]

sticky는 '끈적끈적한'이라는 뜻으로, 끈적거리는 손가락으로 남의 물건에 손을 붙여 아무렇지도 않게 가져간다는 것을 비유적으로 나타낸 것이다. 도벽이 있거나 손버릇이 나쁜 사람을 가리키는 표현이다.

A Jack has **sticky** fingers.
B Oh, yeah! He tried to **steal** a jewel from the **museum**, right?

A 잭은 손버릇이 나빠.
B 그래, 맞아! 그는 박물관에서 보석을 훔치려고 했어, 그렇지?

bite off more than you can chew 감당 못할 일을 하다, 욕심을 내다

직역하면 '네가 씹을(chew) 수 있는 것보다 더 많이 베어 물다'라는 말로, 무리해서 욕심을 부리거나 분에 넘치는 일을 하는 것을 의미한다. 우리말 속담의 '송충이는 솔잎을 먹어야 한다'는 영어로 "Don't bite off more than you can chew."라고 표현할 수 있다.

A You know, Tim's taking five sports classes.
B Five? I'm **worried** he might be biting off more than he can **chew**. I hope he chooses **wisely**.

A 있지, 팀이 스포츠 수업 다섯 개를 수강한대.
B 다섯 개? 그가 감당 못할 일을 하는 것 같아서 걱정되네. 그가 현명하게 선택하길 바라.

don't hold your breath 너무 기대하지 마

hold your breath는 '숨을 참다'라는 뜻으로, '어떤 일이 일어나기를 숨을 죽이고 기다리다'라는 의미이다. 부정어 don't와 함께 쓰이면, 반대로 '어떤 일이 일어날 가능성이 별로 없을 것 같으니, 조바심 내며 기다리지 말라'라고 말할 때 사용할 수 있는 표현이다.

- Don't hold your **breath**. You know how easily Chris **forgets** his promises.
- Don't hold your breath hoping that **someday** he'll change his mind.

- 너무 기대하지 마. 크리스가 약속을 얼마나 잘 잊어버리는지 너도 알잖아.
- 그가 언젠가 마음을 바꿀 거라는 기대는 하지 마.

cry over spilled milk 이미 엎지른 물을 두고 한탄하다

cry over는 '~에 울다[한탄하다]'라는 뜻이고, spilled는 '쏟다, 엎지르다'라는 뜻인 spill의 과거분사형이다. 말 그대로 '엎질러진 우유 위에서 울다'라는 것은, 곧 돌이킬 수 없는 상황으로 인해 한탄한다는 의미이다.

A I can't believe I lost my **favorite** toy!
B It's **useless** to cry over **spilled** milk. You have other toys to play with.

A 내가 제일 좋아하는 장난감을 잃어버렸다니 믿을 수 없어!
B 이미 엎지른 물을 두고 한탄해 봤자 소용없어. 갖고 놀 다른 장난감들이 있잖아.

like talking to a brick wall 벽에 대고 이야기하는 것 같은, 소 귀에 경 읽기

'벽돌(brick) 담에 대고 이야기하는 것 같다'라는 말은 상대방에게 아무리 좋은 말을 해주거나 훈계를 해도 내 이야기를 들으려 하지 않거나 잘 알아듣지 못하는 경우에 사용하는 표현이다. 우리말의 '소 귀에 경 읽기'와 비슷한 표현이다.

I've asked my son to clean his room many times;
however, it's like talking to a **brick** wall.

나는 아들에게 자기 방을 청소하라고 여러 번 말했다.
하지만 그건 소 귀에 경 읽기였다.

curiosity killed the cat 호기심이 지나치면 위험하다, 너무 많이 알면 다친다

직역하면 '호기심(curiosity)이 고양이를 죽였다'라는 말이다. 서양에는 '고양이 목숨이 9개(a cat has nine lives)'라는 표현이 있다. 그만큼 고양이의 목숨이 질기다는 이야기인데, 그런 고양이조차 호기심으로 인해 죽을 수 있다는 것은 호기심이 매우 위험하다는 것을 나타낸다. 때로는 모르는 게 약, 많이 알려고 하면 다칠 수 있다는 것을 표현한 것이다.

Don't be so **curious** about what's inside the **envelope**.
Remember, curiosity killed the cat.

그 봉투 안에 뭐가 들어 있는지 너무 궁금해하지 마.
기억해, 호기심이 지나치면 위험하다는 거.

have money to burn (너무나 많아서) 돈이 남아돌다[썩어 나다]

'불에 태울(burn) 돈이 있다'라는 것은 그만큼 돈이 많다는 것을 은유적으로 표현한 것이다.

- I don't know what her job is but she **certainly** seems to have money to **burn**.
- **Although** I have money to burn, I wouldn't buy such a thing.
- 그녀의 직업이 무엇인지는 모르겠지만 그녀는 확실히 돈이 남아도는 것 같네.
- 난 돈이 남아돌기는 하지만, 그런 건 안 살 거야.

from the bottom of your heart 진심으로[충심에서 우러나와]

가슴의 '밑바닥(bottom)'으로부터 우러나오는 진심이라는 뜻이다. 가슴 속 깊은 곳에서 나온 말, 즉 자신의 진심을 전하고 싶을 때 사용한다.

She was very **helpful** when my mother was sick.
I thanked her from the **bottom** of my heart for her **kindness**.

그녀는 내 어머니가 아프셨을 때 굉장히 도움이 되었다.
나는 그녀의 친절에 대해 진심으로 고마워했다.

DAILY TEST

정답 p.153

[01~10] 영어는 우리말로, 우리말은 영어로 쓰세요.

01 sticky _____
02 bottom _____
03 however _____
04 certainly _____
05 burn _____
06 소용없는, 쓸모 없는 _____
07 봉투 _____
08 숨, 호흡 _____
09 매우 좋아하는 _____
10 친절 _____

[11~12] 다음 문장을 읽고, 주어진 철자로 시작하는 알맞은 단어를 넣으세요.

11 R_____, c_____ killed the cat. 기억해, 호기심이 지나치면 위험하다는 거.

12 It's u_____ to cry over s_____ milk. 이미 엎지른 물을 두고 한탄해 봤자 소용없어.

DAY 30

관용표현 >> 습관처럼 써서 굳어진 표현들

685	**truth** [truːθ]	명 진실, 사실
686	**nearly** [níərli]	부 거의 유 almost
687	**asleep** [əslíːp]	형 잠이 든
688	**afraid** [əfréid]	형 두려워하는; 걱정하는
689	**feather** [féðər]	명 깃털
690	**hardly** [háːrdli]	부 거의 ~ 않다, 도저히 ~할 수 없다
691	**spicy** [spáisi]	형 매운, 양념 맛이 강한
692	**salty** [sɔ́ːlti]	형 짠, 짭짤한
693	**habit** [hǽbit]	명 버릇, 습관
694	**regularly** [régjulərli]	부 정기[규칙]적으로
695	**cafeteria** [kæfətíəriə]	명 구내식당, 카페테리아
696	**slide** [slaid]	동 미끄러지다 명 미끄럼틀
697	**scold** [skould]	동 야단치다, 꾸짖다
698	**bother** [báðər]	동 괴롭히다, 귀찮게 하다
699	**sweat** [swet]	명 땀 동 땀을 흘리다
700	**usually** [júːʒuəli]	부 보통, 대개
701	**dig** [dig]	동 (dug-dug) (구멍 등을) 파다
702	**dirt** [dəːrt]	명 먼지, 흙
703	**scared** [skɛərd]	형 무서워하는, 겁먹은
704	**death** [deθ]	명 죽음, 사망
705	**bored** [bɔːrd]	형 지루한, 따분한
706	**perhaps** [pərhǽps]	부 아마, 어쩌면 유 maybe
707	**castle** [kǽsl]	명 성(城), 성곽
708	**impossible** [impásəbl]	형 불가능한 반 possible

to tell you the truth 솔직히 말하자면[사실은]

'너에게 진실(truth)을 말하다'라는 뜻이다. '솔직히[사실대로] 말하자면'이라는 표현은 개인적인 의견을 말하거나 무언가를 인정할 때 사용한다.

A Can you keep your eyes open during the movie?
B To tell you the **truth**, I'm **nearly asleep** already.

A 영화 보는 동안 눈 뜨고 있을 수 있겠어?
B 솔직히 말하자면, 난 이미 거의 잠들어 있어.

a feather in your cap 명예스러운[자랑스러운] 것

옛날 인디언들은 적들을 한 명씩 죽일 때마다 자신의 모자에 '깃털(feather)'을 죽인 수대로 꽂았다고 한다. 인디언들에게 깃털 수가 곧 훌륭한 업적으로 여겨진 것에서 유래된 표현이다.

A I heard you went bungee jumping.
B Yes. I was really **afraid**, but I'm happy to have another **feather** in my cap. It was a big goal of mine!

A 네가 번지점프를 하러 갔다고 들었어.
B 맞아. 정말 무서웠는데, 또 다른 자랑거리가 생겨서 기뻐. 그건 내 큰 목표였어!

old habits die hard 오래된 버릇은 고치기 힘들다, 세 살 적 버릇이 여든까지 가다

직역하면 '오랜 습관(habit)은 죽기 어렵다'라는 말로, 한번 몸에 밴 습관은 버리거나 바꾸기 어렵다는 것을 의미한다. 우리말의 '세 살 적 버릇이 여든까지 간다'와 비슷한 표현이다.

- I can **hardly** stop eating **spicy** and **salty** foods. Old **habits** die hard.
- Tom still eats fast food **regularly**. It seems that old habits die hard.

- 맵고 짠 음식을 먹는 걸 멈출 수가 없어. 오래된 버릇은 고치기 힘들어.
- 톰은 여전히 패스트푸드를 정기적으로 먹어. 오래된 버릇은 고치기 힘든 것 같아.

let it slide (화를 내지 않고) 없던 일로 하다, 봐주다

slide는 '미끄러지다'라는 뜻으로, 직역하면 '어떤 것이 미끄러지게 두다'라는 말이다. 즉, 그냥 봐준다는 의미이다. 실수한 사람에게 화를 내지 않고 없던 일로 한다는 뜻으로 사용한다.

- John and Tom fought in the **cafeteria**. The teacher won't let it **slide** this time.
- I chose to let it slide and didn't **scold** my son for his mistake.

- 존이랑 톰이 구내식당에서 싸웠어. 선생님이 이번엔 봐주지 않을 거야.
- 나는 없던 일로 하고 실수한 일에 대해 아들을 혼내지 않았어.

no sweat 뭘 그런 걸 갖고 그래[별 거 아냐/문제없어]

no sweat은 '땀이 없다' 즉, 땀도 나지 않을 정도로 쉽게 할 수 있는 일에 쓸 수 있는 표현이다. 비슷한 표현으로 'no problem(문제없어)' 또는 'that's easy(힘들지 않아)'라는 말도 있다.

A Sorry to **bother** you, but will you help me move this heavy box?
B No **sweat**!

A 귀찮게 해서 미안한데, 이 무거운 상자를 옮기는 걸 도와줄 수 있겠니?
B 문제없어!

dig up dirt 부정부패[추문]를 캐내다

dig up은 '무언가를 파서 올리다'라는 뜻으로, 직역하면 '먼지, 흙(dirt)'을 파서 올린다는 말이다. 우리말에 '털어서 먼지 안 나는 사람 없다'라는 표현도 있듯이, 여기서 '먼지(dirt)'는 추문이나 부정부패를 의미한다. 즉, 누군가의 나쁜 정보를 캐내려고 할 때 이 표현을 쓴다.

The TV show **usually digs** up **dirt** on famous people.

그 TV쇼는 보통 유명한 사람들의 추문을 캐낸다.

to death 죽도록[극도로]

death는 '죽음'이라는 뜻으로 die의 명사형이다. to death는 무섭다, 심심하다, 또는 지루하다는 것을 강조하고 싶을 때 '~해서 죽겠다'라는 뜻으로 쓸 수 있는 표현이다.

- When I saw the huge spider, I was **scared** to **death**.
- I was **bored** to death at the meeting.

- 그 거대한 거미를 봤을 때, 나는 죽도록 놀랐다.
- 나는 그 회의에서 지루해 죽을 지경이었다.

build castles in the air 공중누각을 짓다, 허황된 꿈을 품다

직역하면 '공중에 성(castle)을 짓다'라는 말이다. 튼튼한 땅 위에 성을 세우는 것이 아니라 허공에 성을 짓는다는 것은 허황되고 뜬구름 잡는 일을 비유적으로 표현한 것이다.

Their plan is **perhaps** a **castle** in the air. It seems **impossible**.

그들의 계획은 아마 허황된 일일 것이다. 그것은 불가능해 보인다.

DAILY TEST

정답 p.153

[01~10] 영어는 우리말로, 우리말은 영어로 쓰세요.

01 sweat _____
02 bother _____
03 afraid _____
04 feather _____
05 slide _____
06 지루한, 따분한 _____
07 불가능한 _____
08 버릇, 습관 _____
09 성(城), 성곽 _____
10 야단치다, 꾸짖다 _____

[11~12] 다음 문장을 읽고, 주어진 철자로 시작하는 알맞은 단어를 넣으세요.

11 The TV show u_____ d_____ up d_____ on famous people.
그 TV쇼는 보통 유명한 사람들의 추문을 캐낸다.

12 To tell you the t_____, I'm n_____ a_____ already.
솔직히 말하자면, 난 이미 거의 잠들어 있어.

REVIEW TEST DAY 26~30

A  밑줄 친 단어의 뜻과 가장 가까운 것을 고르세요.

01 The final examination will take place soon.
   a. match   b. guide   c. exam   d. master

02 He works at an ice-cream plant.
   a. race   b. factory   c. branch   d. taste

03 He gave me this book as a present.
   a. gift   b. grade   c. object   d. sign

04 Seat belts can save many lives.
   a. store   b. rescue   c. keep   d. collect

05 He couldn't fix my old computer.
   a. set   b. decide   c. repair   d. review

06 I hope you get well soon.
   a. back   b. healthy   c. straight   d. right

07 You missed your last chance.
   a. capital   b. opportunity c. examination d. possibility

08 What should our next step be?
   a. action   b. stage   c. field   d. footstep

B 합성어 주어진 두 단어를 알맞게 조합하여 합성어를 만드세요.

단어 #1	단어 #2	합성어	뜻
1. art	work	=	→
2. be	side	=	→
3. ground	under	=	→
4. door	out	=	→
5. stairs	up	=	→
6. house	work	=	→
7. ache	tooth	=	→

C 관용표현 다음 빈칸에 알맞은 관용표현을 골라 쓰세요.

> cry over spilled milk   feather in my cap   no sweat
> has sticky fingers   to tell you the truth

01 **A** I heard you went bungee jumping.

   B Yes, I was really afraid, but I'm happy to have another _____.

02 **A** Sorry to bother you, but will you help me move this heavy box?

   B _____!

03 **A** I can't believe I lost my favorite toy!

   B It's useless to _____. You have other toys to play with.

04 **A** Can you keep your eyes open during the movie?

   B _____, I'm nearly asleep already.

05 **A** Jack _____.

   B Oh, yeah! He tried to steal a jewel from the museum, right?

DAY 21~30 CUMULATIVE TEST

[01~30] 다음 단어의 뜻을 쓰세요.

01 offer
02 destroy
03 suddenly
04 guide
05 prepare
06 thought
07 mention
08 form
09 badly
10 popular
11 humble
12 difference
13 remain
14 silent
15 exist
16 plant
17 taste
18 direct
19 tear
20 order
21 sign
22 background
23 headache
24 outdoor
25 steal
26 burn
27 favorite
28 scold
29 bother
30 afraid

[31~40] 다음 뜻을 가진 단어를 쓰세요.

31 도구, 연장
32 오염
33 계곡, 골짜기
34 부드러운, 온화한
35 사라지다
36 경주, 경기; 인종
37 성공하다; 계승하다
38 평일
39 잊다; 잊어버리다
40 먼지, 흙

[41~45] 다음 숙어의 뜻을 쓰세요.

41 hand in hand
42 hold on
43 go off
44 and so on
45 end up

Know More

미국 영어 vs. 영국 영어 3

철자 편

같은 뜻이지만 철자가 다른 미국 영어와 영국 영어를 살펴볼까요?

1. ER vs. RE

중심	🇺🇸 center	🇬🇧 centre
극장	🇺🇸 theater	🇬🇧 theatre
리터	🇺🇸 liter	🇬🇧 litre

2. OR vs. OUR

색깔	🇺🇸 color	🇬🇧 colour
이웃	🇺🇸 neighbor	🇬🇧 neighbour
유머	🇺🇸 humor	🇬🇧 humour

3. ENSE vs. ENCE

방어	🇺🇸 defense	🇬🇧 defence
면허	🇺🇸 license	🇬🇧 licence
공격	🇺🇸 offense	🇬🇧 offence

4. IZE vs. ISE

깨닫다	🇺🇸 realize	🇬🇧 realise
사과하다	🇺🇸 apologize	🇬🇧 apologise
인식하다	🇺🇸 recognize	🇬🇧 recognise

5. LL vs. L

이행하다	🇺🇸 fulfill	🇬🇧 fulfil
숙련된	🇺🇸 skillful	🇬🇧 skilful
등록	🇺🇸 enrollment	🇬🇧 enrolment

6. 그 외의 표현

회색	🇺🇸 gray	🇬🇧 grey
타이어	🇺🇸 tire	🇬🇧 tyre
프로그램	🇺🇸 program	🇬🇧 programme

Answer Key

DAY 01

DAILY TEST p. 11

01 mark 02 wooden 03 bend 04 display 05 collect 06 gallery 07 bite 08 fail 09 ⓓ 10 ⓒ 11 ⓑ 12 ⓐ 13 chores 14 feed 15 grocery 16 supper 17 yard 18 garage 19 covered, with 20 garbage 21 setting, up

DAY 02

DAILY TEST p. 15

01 면밀히, 자세히; 가까이; 밀접하게 02 경비[경호]원; 지키다, 경호하다 03 지역, 동네; 근처, 인근 04 두 사람[개]; 부부, 커플 05 경쟁자, 경쟁 상대 06 가슴, 흉부 07 soldier 08 courage 09 stomach 10 ordinary 11 royal 12 neighbor 13 sudden 14 noisy 15 pain 16 final 17 give, it, try 18 dived 19 took, turns 20 net 21 coach 22 rivals 23 cheered 24 fair

DAY 03

DAILY TEST p. 19

01 cough 02 prison 03 medicine 04 monsters 05 speed 06 record 07 scream 08 ghosts 09 athlete 10 ⓐ 11 ⓒ 12 ⓑ 13 cooking 14 would, like 15 blend 16 pour 17 melt 18 boil 19 turn, over 20 slice 21 serve

DAY 04

DAILY TEST p. 23

01 ⓑ 맛있는 요리 02 ⓒ 독특한 억양 03 ⓐ 낯선 사람과 이야기하다 04 ⓕ 그 바지를 교환하다 05 ⓓ 유용한 도구 06 ⓔ 목화밭 07 ⓑ 08 ⓒ 09 ⓓ 10 basic 11 course 12 dictionary 13 looked, up 14 wrote, down 15 alphabet 16 aloud 17 accent

DAY 05

DAILY TEST p. 27

01 생물, 생명체 02 이미지, 인상; 상(像), 모습 03 보통의, 평범한; 평균의 04 ~에 반대하여[맞서] 05 사진술; 사진 촬영 06 이해하기 힘든, 기이한 07 childhood 08 attack 09 harbor 10 enemy 11 bomb 12 lonely 13 climbing 14 common 15 interest 16 defend 17 Keep, in, mind 18 flight 19 leaves, for 20 excites 21 pack 22 schedule 23 tomb 24 canceled

REVIEW TEST DAY 01~05 pp. 28~29

A 01 insect, marks 02 medical, college 03 collection, local 04 lift, wooden 05 praise, courage 06 pain, chest 07 noisy, neighborhood 08 closely, guard 09 escape, cage 10 loudly, ghost 11 athlete, record 12 medicine, cough 13 rude, stare 14 own, recipe 15 exchange, useful 16 cotton, unique 17 mysterious, creature 18 common, climbing 19 lonely, childhood 20 defend, enemy

B 01 yard 02 grocery, supper 03 garage, garbage 04 took, turns 05 rivals 06 cheered 07 pour 08 turn, over 09 slice 10 basic, course 11 looked, up 12 alphabet 13 flight, leaves, for 14 pack 15 schedule

DAY 06

DAILY TEST p. 33

01 fantasy 02 main 03 prize 04 site 05 explore 06 source 07 classic 08 temple 09 dead 10 explore 11 certain 12 discovered 13 into 14 classic 15 creative 16 fantasy 17 giant 18 poem 19 comic 20 title 21 Look, through

DAY 07

DAILY TEST p. 37

01 ⓒ 우연히 만나다 02 ⓓ 또렷하게 말하다 03 ⓕ 메달을 수여하다 04 ⓐ 문제들을 겪다 05 ⓔ 야생 동물들 06 ⓑ 수학 대회 07 describe 08 adventure 09 actual 10 discuss 11 chat 12 decide 13 subject 14 argued 15 discuss 16 else 17 In, fact

DAY 08

DAILY TEST p. 41

01 moment 02 entrance 03 Western 04 skill 05 wrap 06 language 07 career 08 living 09 engineer 10 deeply 11 interested 12 breathe 13 circus 14 filled, with 15 rows 16 decorated 17 stops, by 18 entrance 19 wrapped 20 chant 21 tradition

DAY 09

DAILY TEST p. 45

01 인간[사람]의; 인간, 사람 02 ~ 없이, ~하지 않고 03 (영)혼; 정신 04 뒤에, 나중에; 더 뒤[나중]에 05 충돌[추락]하다; 충돌, 추락 06 연기; 담배를 피우다 07 ceiling 08 aircraft 09 nervous 10 imagine 11 electricity 12 toward 13 ⓑ 14 ⓑ 15 excited 16 nervous 17 brought, back 18 bitter 19 ashamed 20 upset 21 To, surprise 22 pleased

DAY 10

DAILY TEST p. 49

01 ⓑ 펜 한 자루를 빌리다 02 ⓒ 메시지를 남기다 03 ⓓ 행사를 개최하다 04 ⓔ 다양한 주제들 05 ⓕ 핼러윈 복장 06 ⓐ 대답하지 않다 07 expect 08 violent 09 discussion 10 traditional 11 scary 12 shines 13 nest 14 shade 15 roots 16 scene 17 throw, away 18 reuse 19 cut, down

REVIEW TEST DAY 06~10 pp. 50~51

A 01 quite, certain 02 site, temple
   03 discover, dead 04 source, heat
   05 award, poetry 06 finally, perfect
   07 clearly, actually 08 experience, adventure
   09 breathe, deeply 10 seem, interested
   11 foreign, language 12 living, astronaut
   13 without, electricity 14 toward, ceiling
   15 soul, heaven 16 survive, crash
   17 topic, discussion 18 dislike, scary
   19 traditional, costume 20 expect, reply

B 01 creative 02 comic
   03 Look, through 04 decide, subject
   05 discuss 06 else
   07 decorated 08 wrapped
   09 tradition 10 excited, nervous
   11 brought, back, bitter 12 pleased
   13 shines 14 throw, away
   15 cut, down

누적 테스트
CUMULATIVE TEST DAY 01~10 p. 52

01 물다; 한 입; 물린 상처 02 실패하다; (시험에) 떨어지다 03 (몸의 일부를) 굽히다; 구부리다 04 용기 05 보통의, 평범한 06 경비[경호]원; 지키다, 경호하다 07 탈출하다; 빠져나오다 08 큰 소리로, 시끄럽게 09 기침하다; 기침 10 빤히 쳐다보다, 응시하다 11 자기 자신의; 소유하다 12 독특한, 특별한; 유일무이한 13 흔한, 공통의, 공동의 14 ~에 반대하여[맞서] 15 취소하다 16 발견하다; 찾다[알아내다] 17 따뜻하게 하다, 데우다; 열; 더위 18 창의[창조]적인; 창의력이 있는 19 상; (상 등을) 수여하다, 주다 20 (느긋이) 쉬다; (몸의) 긴장을 풀다, ~의 힘을 빼다 21 (특징 등을) 말하다, 묘사하다 22 몹시, 대단히; 깊이, 깊게 23 외국의 24 싸다, 포장하다; (몸을) (감)싸다 25 오르다; (수량이) 증가하다; (해·달이) 뜨다 26 (영)혼; 정신 27 충돌[추락]하다; 충돌, 추락 28 토론, 의논 29 폭력적인, 난폭한; 격렬한, 맹렬한 30 예상[기대]하다; 기다리다 31 law 32 praise 33 prison 34 rude 35 lonely 36 planet 37 adventure 38 breathe 39 survive 40 borrow 41 ~로 덮여 있다 42 ~을 적다 43 확실히, 틀림없이 44 잠시 들르다 45 버리다

Answer Key • 149

DAY 11

DAILY TEST p. 57

01 동의하지 않다, 의견이 다르다 02 우정; 친교, 친밀함 03 잡지 04 의견[견해/생각] 05 젊은 시절; 젊음; 젊은이, 청년 06 접다; (손·팔 등을) 끼다 07 teen 08 especially 09 court 10 beard 11 neat 12 curly 13 decision 14 general 15 important 16 education 17 youth 18 curly 19 golden 20 beard 21 famous, for 22 beauty 23 shiny 24 looks, like 25 clever

DAY 12

DAILY TEST p. 61

01 southern 02 harm 03 virus 04 cycle 05 stage 06 environment 07 experiment 08 invitation 09 advice 10 invention 11 experimented 12 invented 13 codes 14 made, it 15 Thanks, to 16 invention

DAY 13

DAILY TEST p. 65

01 ⓒ 대담한 결정 02 ⓐ 총 비용 03 ⓑ 조리법을 따르다 04 ⓔ 동쪽의 하늘 05 ⓕ 발랄한 미소 06 ⓓ 빈 공간 07 ⓒ 08 ⓑ 09 ⓐ 10 darkness 11 upside, down 12 All, of, sudden 13 surprised 14 loose 15 sleepy 16 blank 17 healthy

DAY 14

DAILY TEST p. 69

01 미친, 제정신이 아닌; 열광하는 02 부정행위를 하다, 속이다 03 기울다, (몸을) 숙이다; 기대다 04 통제(력); 통제하다 05 돌봄, 보살핌; 조심, 주의; 신경 쓰다 06 결과; (~의 결과로) 발생하다[생기다] 07 festival 08 elderly 09 challenge 10 bit 11 special 12 careless 13 cultural 14 forward 15 organize 16 careless 17 absent 18 cheated 19 result 20 challenge 21 over 22 take, part, in 23 focus

DAY 15

DAILY TEST p. 73

01 ⓓ 강력한 엔진 02 ⓔ 뉴스를 보도하다 03 ⓕ 힘든 상황[곤경] 04 ⓐ 국립 박물관 05 ⓑ 입대하다 06 ⓒ 비행 공포증 07 ⓓ 08 ⓐ 09 weigh 10 height 11 diet 12 pills 13 lead, to 14 in, case, of 15 heal

REVIEW TEST DAY 11~15 pp. 74~75

A 01 general, education 02 neat, folded
03 court, decision 04 especially, teens
05 protect, environment 06 cycle, coast
07 spreads, quickly 08 accept, invitation
09 total, amount 10 scenery, shore
11 cheerful, personality 12 follow, safety
13 act, crazy 14 organize, cultural
15 special, care 16 lean, slightly
17 inform, exact 18 proud, army
19 express, anger 20 situation, zone

B 01 curly, golden, beard 02 famous, for
03 beauty 04 experimented
05 codes 06 Thanks, to, invention
07 upside, down 08 surprised, loose
09 blank 10 absent
11 cheated 12 take, part, in
13 weigh, height 14 pills
15 in, case, of

DAY 16

DAILY TEST p. 79

01 lost 02 gesture 03 victory 04 able 05 flow 06 twin 07 dew 08 tend 09 nature 10 owner 11 behave 12 communicate 13 dew 14 float 15 wave 16 Nature 17 freeze 18 soil 19 give, off 20 about, to

DAY 17

DAILY TEST p. 83

01 어려움, 문제, 곤란 02 배달하다; (연설·강연 등을) 하다 03 힘든, 어려운; 강인한; 거친 04 원인; ~을 초래하다 05 대화, 회화 06 접촉; 연락; 연락하다 07 solve 08 delivery 09 allow 10 customer 11 safely 12 goods 13 freedom 14 accidents 15 expression 16 serious 17 solve 18 aches 19 no, longer 20 smelliest 21 sour 22 hunger 23 spin 24 balance 25 get, used, to

DAY 18

DAILY TEST p. 87

01 member 02 active 03 gain 04 lead 05 target 06 straw 07 volunteer 08 stir 09 wealth 10 vote 11 society 12 organization 13 harmony 14 peaceful 15 society 16 in, need 17 ask, for 18 growth 19 businesses 20 factories

DAY 19

DAILY TEST p. 91

01 ⓒ 2인용 침대 02 ⓑ 경찰 수색 03 ⓐ 결혼식 하객들 04 ⓕ 행방불명되다 05 ⓓ 가벼운 두통 06 ⓔ 분노감 07 ⓒ 08 ⓐ 09 ⓔ 10 ⓓ 11 ⓑ 12 double 13 put, together 14 make, up 15 single 16 extra 17 plenty

DAY 20

DAILY TEST p. 95

01 vary 02 fault 03 blame 04 fashionable 05 patterns 06 chase 07 through 08 ⓑ 09 ⓐ 10 comfortable 11 fit 12 tight 13 pattern 14 fashionable 15 At, that, time 16 Day, by, day 17 simple

REVIEW TEST DAY 16~20 pp. 96~97

A 01 able, communicate 02 lost, owner
03 gather, victory 04 behave, alike
05 freedom, expression 06 serious, trouble
07 tough, dialogue 08 deliver, safely
09 gain, fame 10 leader, battle
11 active, volunteer 12 stir, mixture
13 mild, central 14 host, greets
15 sense, humor 16 search, missing
17 blame, failure 18 various, social
19 introduce, regular 20 chase, narrow

B 01 dew 02 Nature
03 give, off 04 sour
05 spin 06 get, used, to
07 harmony 08 in, need
09 growth, society 10 double
11 make, up 12 extra
13 comfortable 14 tight, pattern
15 At, that, time

누적 테스트
CUMULATIVE TEST DAY 11~20 p. 98

01 의견[견해/생각] 02 특히, 특별히 03 젊은 시절; 젊음; 젊은이, 청년 04 해치다, 상하게 하다; 해, 손해 05 펴다; (팔 등을) 벌리다; 퍼지다; 퍼뜨리다 06 받아들이다, 수락하다 07 나누다, 분배하다 08 따라가다[오다]; ~의 다음에 오다; (충고 등을) 따르다 09 몇몇의 10 준비[조직]하다; 정리하다 11 약간, 조금 12 결석한, 결근한; 없는, 결여된 13 정확한, 정밀한 14 두려움, 공포; 두려워[무서워]하다 15 상황, 처지 16 길을 잃은, 잃어버린 17 주인, 소유자 18 행동하다, 처신하다 19 힘든, 어려운; 강인한; 거친 20 배달하다; (연설·강연 등을) 하다 21 (계속적인) 아픔, 쑤심; 아프다, 쑤시다 22 얻다; 늘리다 23 목표; (공격의) 표적; 목표로 삼다 24 활동적인; 적극적인 25 중심[중앙]인; 중심적인 26 맞이하다, 환영하다 27 유머, 익살 28 실패 29 잘못; 결점, 결함 30 뒤쫓다, 추적하다; 추적, 추격 31 pile 32 blame 33 safety 34 forward 35 inform 36 communicate 37 allow 38 mixture 39 extra 40 through 41 거꾸로 42 ~의 경우에, ~이 발생할 시에 43 ~을 요구[요청]하다 44 합하다; 조립하다, (모아서) 만들다 45 나날이; 서서히

DAY 21
DAILY TEST p. 103

01 챔피언, (경기의) 우승자 02 전체의, 모든; 전체 03 제의[제안]하다; 제안, 제의 04 (정밀) 기구, 도구; 악기 05 사슬, 체인; 연쇄, 연속 06 홍수; 물에 잠기게 하다 07 village 08 destroy 09 architect 10 closet 11 photographer 12 congratulation 13 successful 14 whole 15 female 16 congratulation 17 closet 18 tools 19 instruments 20 chains 21 tubes 22 and, so, on 23 on, the, other, hand 24 stamps

DAY 22
DAILY TEST p. 107

01 ⓐ 테이프 한 통 02 ⓒ 한 세트를 완성하다 03 ⓑ 여행 안내인[가이드] 04 ⓕ 빠른 속도 05 ⓔ 해수면 06 ⓓ 수영 대회 07 presentation 08 quietly 09 thought 10 Pollution 11 Hand, in, hand 12 pace 13 quietly 14 Hold, on 15 shut 16 rolled 17 posed

DAY 23
DAILY TEST p. 111

01 repair 02 disease 03 birth 04 shock 05 valley 06 form 07 ⓑ 08 ⓒ 09 bumped 10 shock 11 alarm 12 went, off 13 alive 14 badly 15 ended, up 16 forgive

DAY 24
DAILY TEST p. 115

01 ⓒ 따로 살다 02 ⓐ 어려움 없이[손쉽게] 03 ⓑ 북유럽 04 ⓕ 부드러운 목소리 05 ⓔ 그 질문을 다시 하다 06 ⓓ 자정을 지나서 07 ⓓ 08 ⓒ 09 ⓐ 10 ⓑ 11 in, the, middle, of 12 get, out, of 13 northern 14 distance 15 beyond 16 straight 17 reached

DAY 25
DAILY TEST p. 119

01 계속[여전히] ~이다; 남다; 남은 것; 유물 02 가라앉다; 싱크대 03 계속되다; 계속하다 04 하인; (조직 등의) 고용인 05 아직도, 여전히; 가만히 있는 06 가짜의; 모조[위조]품 07 exist 08 mud 09 disappear 10 unfair 11 forever 12 slave 13 silent 14 exist 15 danger 16 surprisingly 17 mud 18 worried, about 19 waste 20 Over, over, again 21 unfair 22 choices 23 solution 24 begging 25 action

REVIEW TEST DAY 21~25 pp. 120~121

A 01 congratulations, champion
02 destroys, whole 03 female, architect
04 suddenly, reason 05 complete, guide
06 lower, pollution 07 yet, competition
08 include, presentation 09 mention, disease
10 repair, copy 11 wonder, valley
12 blind, birth 13 popular, abroad
14 humble, self 15 repeat, anymore
16 difficulty, differences 17 danger, forever
18 remain, silent 19 surprisingly, exist
20 sink, mud

B 01 tools, instruments 02 Chains, tubes
03 Stamps 04 Hand, in, hand
05 Hold, on 06 posed
07 alarm, went, off 08 alive
09 forgive 10 get, out, of
11 northern 12 distance
13 choices 14 solution
15 begging

DAY 26
DAILY TEST p. 127

01 교수형에 처해졌다 02 기호, 취향 03 (길을) 안내하다, 가리키다 04 등급 05 형, 형벌 06 참다, 견디다 07 버렸다, 떠났다 08 ⓑ 09 ⓑ 10 ⓐ

DAY 27

DAILY TEST p. 131

01 바람이 빠진, 펑크가 난 02 징후, 조짐 03 (발)걸음 04 어울리다 05 균일한 06 명령했다 07 등장인물 08 ⓐ 09 ⓐ 10 ⓑ

DAY 28

DAILY TEST p. 135

01 ~의 옆에 02 (사람·사진 등의) 배경; (일의) 배경; 배후 사정 03 (학교) 운동장 04 언제든지 05 시내에, 도심지에 06 발자국 07 housework 08 artwork 09 restroom 10 moonlight 11 sometime 12 lifetime 13 요통[허리 통증] 14 외부

DAY 29

DAILY TEST p. 139

01 끈적거리는, 달라붙는 02 맨 아래; 맨 아래의 03 그러나, 그렇지만 04 틀림없이, 확실히 05 (불에) 타다; 태우다 06 useless 07 envelope 08 breath 09 favorite 10 kindness 11 Remember, curiosity 12 useless, spilled

DAY 30

DAILY TEST p. 143

01 땀; 땀을 흘리다 02 괴롭히다, 귀찮게 하다 03 두려워하는; 걱정하는 04 깃털 05 미끄러지다; 미끄럼틀 06 bored 07 impossible 08 habit 09 castle 10 scold 11 usually, digs, dirt 12 truth, nearly, asleep

REVIEW TEST DAY 26~30 pp. 144~145

A 01 c 02 b 03 a 04 b 05 c 06 b 07 b 08 b

B 01 artwork, 삽화; 미술품 02 beside, ~의 옆에 03 underground, 지하의, 지하에 04 outdoor, 야외의; 야외에서 05 upstairs, 위층에[으로]; 위층의 06 housework, 가사, 집안일 07 toothache, 치통[이앓이]

C 01 feather in my cap 02 No sweat 03 cry over spilled milk 04 To tell you the truth 05 has sticky fingers

CUMULATIVE TEST DAY 21~30 p. 146

01 제의[제안]하다; 제안, 제의 02 파괴하다 03 갑자기 04 안내인[가이드]; 안내서; 안내하다 05 준비하다; 대비하다 06 생각하기; 생각 07 (말·글로) 언급[거론]하다 08 종류, 유형; (문서의) 서식; 형성되다; 형성하다 09 나쁘게, 서투르게, 대단히, 몹시 10 인기 있는; 대중적인 11 겸손한; 보잘것없는, 초라한 12 차이(점), 다름 13 계속[여전히] ~이다; 남다; 남은 것; 유물 14 침묵하는; 조용한 15 존재하다 16 식물; (식물을) 심다; 공장 17 맛; 미각; 맛이 나다; 맛보다; 기호, 취향 18 직접적인; 지휘[총괄]하다; (길을) 안내하다, 가리키다 19 눈물; 찢다; 찢어지다 20 순서; 명령하다; 주문하다 21 표지판; 징후, 조짐; 서명하다 22 (사람·사진 등의) 배경; (일의) 배경; 배후 사정 23 두통 24 야외의; 야외에서 25 훔치다 26 (불에) 타다; 태우다 27 매우 좋아하는 28 야단치다, 꾸짖다 29 괴롭히다, 귀찮게 하다 30 두려워하는; 걱정하는 31 tool 32 pollution 33 valley 34 gentle 35 disappear 36 race 37 succeed 38 weekday 39 forget 40 dirt 41 서로 손을 잡고 42 기다리다 43 폭발하다[터지다]; (경보기 등이) 울리다 44 (기타) 등등 45 결국 (어떤 처지에) 처하게 되다

Index

A

able	076
abroad	112
absent	068
accent	022
accept	059
accident	080
ache	082
act	066
action	118
active	085
activity	092
actual	035
actually	035
adventure	035
advice	059
advise	059
afraid	140
against	025
aircraft	043
alarm	110
alike	077
alive	110
all of a sudden	064
allow	080
aloud	022
alphabet	022
although	136
amazing	089
amount	062
and so on	102
anger	071
anymore	113
anytime	132
anyway	113
apart	114
appear	112
architect	101
area	089
argue	036
army	070
arrival	070
artwork	132
ashamed	044
ask for	086
asleep	140
astronaut	039
at that time	094
athlete	017
attack	025
award	034
awesome	058
awful	043

B

background	132
badly	110
balance	082
basic	022
battle	084
be about to-v	078
be covered with	010
be famous for	056
be filled with	040
be into	032
be over	068
be worried about	118
beard	056
beauty	056
beg	118
behave	077
bend	009
beside	132
beyond	114
birth	109
bit	066
bite	008
bitter	044
blame	092
blank	064
blend	018
blind	109
block	106
boil	018
bold	063
bomb	025
bored	140
borrow	047
bother	140
bottom	136
branch	125
breath	136
breathe	038
brick	136
bring back	044
bump	110
burn	136
business	086

C

cafeteria	140
cage	016
cancel	026
capital	124
care	067
career	039
careless	067
castle	140
cause	080
ceiling	042
celebrate	077
central	088
century	030
certain	030
certainly	136
chain	102
challenge	068
champion	100
chance	126
chant	040
character	129
chase	093
chat	036
cheat	068
cheer	014
cheerful	063
chest	012
chew	136
childhood	025
choice	118
chore	010
circus	040

classic	032	
clearly	035	
clever	056	
climbing	024	
closely	013	
closet	102	
coach	014	
coast	058	
code	060	
collect	009	
collection	009	
college	008	
comfortable	094	
comic	032	
common	024	
communicate	076	
competition	105	
complete	104	
congratulation	100	
connect	060	
contact	082	
contest	034	
continue	116	
control	068	
cooking	018	
copy	108	
costume	047	
cotton	021	
cough	017	
couple	013	
courage	012	
course	022	
court	055	
cover	021	
crash	043	
crazy	066	
create	020	
creative	032	
creature	024	
crowded	093	
cultural	066	
culture	038	
curiosity	136	
curious	136	

curly	056	
customer	081	
cut down	048	
cycle	058	

D

danger	116	
darkness	064	
day by day	094	
daytime	132	
dead	031	
deaf	109	
death	140	
decide	036	
decision	055	
decorate	040	
deeply	038	
defend	025	
delight	071	
deliver	081	
delivery	081	
describe	035	
desert	124	
design	021	
destroy	100	
develop	039	
dew	078	
dialogue	081	
dictionary	022	
diet	072	
difference	113	
difficulty	113	
dig	140	
direct	126	
dirt	140	
disagree	055	
disappear	116	
discover	031	
discuss	036	
discussion	046	
disease	108	
dislike	046	
display	009	
distance	114	

dive	014	
divide	062	
double	090	
downtown	132	

E

eastern	062	
education	054	
either	105	
elderly	067	
electricity	042	
else	036	
end up	110	
enemy	025	
engineer	039	
entrance	040	
envelope	136	
environment	058	
escape	016	
especially	055	
event	047	
ever	109	
exact	070	
examination	125	
exchange	021	
excite	026	
excited	044	
exercise	093	
exist	117	
expect	047	
experience	035	
experiment	060	
explain	113	
explore	030	
express	071	
expression	080	
extra	090	

F

fabric	094	
factory	086	
fail	008	
failure	092	
fair	014	

fake	118
fame	084
fantastic	062
fantasy	032
fashionable	094
fault	092
favorite	136
fear	071
feather	140
feed	010
female	101
festival	066
fever	072
field	130
figure	129
final	014
finally	034
fit	094
fix	129
flat	128
flight	026
float	078
flood	100
flow	078
focus	068
fold	054
follow	063
footprint	133
for sure	036
foreign	039
foreigner	066
forever	116
forget	136
forgive	110
form	109
forward	067
freedom	080
freeze	078
freezing	088
friendly	063
friendship	055

G

gain	084
gallery	009
garage	010
garbage	010
gather	077
general	054
gentle	112
gesture	076
get out of	114
get used to	082
ghost	016
giant	032
give it a try	014
give off	078
global	104
go off	110
golden	056
goods	081
grade	126
greet	088
grocery	010
growth	086
guard	013
guest	088
guide	104

H

habit	140
hand in hand	106
hang	125
happen	035
harbor	026
hardly	140
harm	058
harmony	086
headache	133
heal	072
healthy	064
heat	031
heaven	043
height	072
helpful	136
hike	034
hold on	106
host	088
housework	134
however	136
hug	088
human	043
humble	112
humor	089
humorous	089
hunger	082

I

image	024
imagine	042
importance	093
important	055
impossible	140
in case of	072
in fact	036
in need	086
in the middle of	114
include	105
indoor	133
inform	070
information	021
insect	008
instrument	102
interest	024
interested	038
interview	046
introduce	093
invent	060
invention	060
invitation	059
item	076

J

jealous	056

K

keep in mind	026
kindness	136

L

ladder	102
language	039

lastly	085		mention	108		organize	066
later	043		message	047		outdoor	134
law	008		mild	088		over and over (again)	118
lead	084		mind	125		own	020
lead to	072		miss	129		owner	076
leader	084		missing	089			
lean	067		mistake	113		**P**	
least	090		mixture	085		pace	106
leave for	026		moment	038		pack	026
lend	047		monster	016		pain	012
level	104		moonlight	133		parade	077
lifetime	133		mud	117		pattern	094
lift	009		museum	136		peace	071
living	039		mysterious	024		peaceful	086
local	009					perfect	034
lock	031		**N**			perhaps	140
locker	031		narrow	093		personality	063
lonely	025		nation	059		photographer	101
look like	056		national	070		photography	024
look through	032		natural	126		pile	054
look up	022		nature	078		pill	072
loose	064		nearly	140		planet	031
lost	076		neat	054		plant	124
loudly	016		neighbor	013		pleased	044
lower	104		neighborhood	013		plenty	090
			neither	105		poem	032
M			nervous	044		poetry	034
machine	108		nest	048		pollution	104
mad	101		net	014		popular	112
magazine	054		no longer	082		pose	106
magnet	060		noisy	013		position	072
main	031		none	090		possibility	108
make it	060		normal	025		possible	064
make up	090		northern	114		pour	018
male	017					powerful	070
mark	008		**O**			praise	012
master	125		object	130		prepare	105
match	128		offer	100		present	130
mealtime	135		on the other hand	102		presentation	105
medical	008		once	090		print	108
medicine	017		opinion	054		prison	016
melt	018		order	130		prize	030
member	085		ordinary	013		protect	058
memory	022		organization	085		proud	070

put together	090		scary	046		soil	078
			scene	048		soldier	012
Q			scenery	062		solution	118
quickly	059		schedule	026		solve	081
quietly	106		schoolyard	134		someday	136
quite	030		scold	140		sometime	134
			scream	016		sore	017
R			search	089		soul	043
race	124		seem	038		sour	082
reach	114		self	112		source	031
reason	101		sense	089		southern	058
recipe	020		sentence	124		spaceship	135
record	017		serious	080		special	067
regular	093		servant	117		speed	017
regularly	140		serve	018		spicy	140
relax	034		set up	010		spill	136
remain	116		several	063		spin	082
remember	136		shade	048		spray	106
repair	108		sharp	110		spread	059
repeat	113		sheet	021		stage	060
reply	047		shine	048		stamp	102
report	071		shiny	056		stand	127
restroom	134		shock	110		stare	020
result	068		shore	062		steal	136
return	076		shut	106		step	130
reuse	048		sign	131		sticky	136
review	127		silent	116		still	117
right	126		simple	094		stir	085
rise	042		since	109		stomach	012
rival	014		single	090		stomachache	134
roll	106		sink	117		stop by	040
root	048		site	030		straight	114
row	040		situation	071		stranger	020
royal	013		skill	039		straw	085
rude	020		skip	068		stupid	113
rule	063		slave	117		subject	036
			sleepy	064		succeed	128
S			slice	018		success	101
safely	081		slide	140		successful	101
safety	063		slightly	067		such	046
salty	140		smelly	082		sudden	012
save	128		smoke	042		suddenly	101
scare	044		social	092		sunlight	135
scared	140		society	086		supper	010

surprised	064	
surprisingly	117	
survive	043	
sweat	140	

T
take part in	068	
take turns	014	
target	084	
taste	125	
tasty	020	
tear	128	
teen	055	
temple	030	
tend	077	
terrible	089	
thanks to	060	
thought	105	
throat	017	
through	093	
throw away	048	
tight	094	
title	032	
to one's surprise	044	
tomb	026	
tool	102	
toothache	135	
topic	046	
total	062	
tough	081	
toward	042	
track	129	
tradition	040	
traditional	047	
trouble	080	
truth	140	
tube	102	
turn over	018	
twin	077	

U
underground	133	
unfair	118	
uniform	129	

unique	021	
upon	114	
upper	067	
upset	044	
upside down	064	
upstairs	134	
useful	021	
useless	136	
usual	112	
usually	140	

V
valley	109	
various	092	
vary	092	
victory	077	
village	100	
violent	046	
virus	059	
visitor	104	
volunteer	085	
vote	086	

W
waste	118	
wave	078	
wealth	084	
weed	048	
weekday	133	
weigh	072	
well	131	
western	038	
wheel	117	
while	116	
whole	100	
wild	035	
wisdom	036	
wisely	136	
without	042	
wonder	109	
wooden	009	
worried	136	
would like to-v	018	
wrap	040	

write down	022	

Y
yard	010	
yet	105	
youth	055	

Z
zone	071	

MEMO

Vocabulary LiVE
with video

WORKBOOK

1
Advanced

누적 테스트 02일차

01	bite		26	곤충, 벌레	i
02	mark		27	의료의, 의학의	m
03	fail		28	(단과) 대학	c
04	display		29	법, 법률	l
05	collect		30	수집품, 소장품	c
06	local		31	미술관, 화랑	g
07	bend		32	(들어)올리다	l
08	wooden		33	식료품	g
09	chore		34	쓰레기	g
10	supper		35	마당, 뜰	y
11	feed		36	차고	g
12	set up		37	(특정) 지역의, 현지의	l
13	be covered with		38	칭찬, 찬사; 칭찬하다	p
14	neighborhood		39	군인, 병사	s
15	closely		40	용기	c
16	guard		41	갑작스러운	s
17	cheer		42	고통, 통증	p
18	dive		43	가슴, 흉부	c
19	fair		44	위, 복부, 배	s
20	coach		45	시끄러운, 떠들썩한	n
21	final		46	보통의, 평범한	o
22	net		47	이웃(사람)	n
23	praise		48	국왕의, 왕실의	r
24	take turns		49	두 사람[개]; 부부, 커플	c
25	give it a try		50	경쟁자, 경쟁 상대	r

누적 테스트 03일차

#	영어	우리말	#	우리말	영어
01	insect		26	의료의, 의학의	m
02	law		27	(단과) 대학	c
03	collection		28	미술관, 회랑	g
04	lift		29	나무로 된, 목재의	w
05	grocery		30	(저녁) 식사	s
06	garbage		31	군인, 병사	s
07	yard		32	위, 복부, 배	s
08	garage		33	보통의, 평범한	o
09	courage		34	이웃(사람)	n
10	sudden		35	끓다; 끓이다; 삶다	b
11	pain		36	탈출하다; 빠져나오다	e
12	chest		37	교도소, 감옥	p
13	noisy		38	새장; (짐승의) 우리	c
14	royal		39	큰 소리로, 시끄럽게	l
15	couple		40	유령, 귀신	g
16	rival		41	괴물	m
17	scream		42	(운동)선수	a
18	male		43	약; 의학, 의술	m
19	speed		44	기침하다; 기침	c
20	record		45	아픈, 따가운, 쑤시는	s
21	pour		46	목구멍, 목	t
22	serve		47	요리(하기), 요리용의	c
23	slice		48	녹다; 녹이다	m
24	turn over		49	섞다, 혼합하다; 섞이다	b
25	would like to		50	교대로 하다	t

누적 테스트 04일차

01	mark		26	식료품	g
02	display		27	차고	g
03	bend		28	(특정) 지역의, 현지의	l
04	neighborhood		29	칭찬, 찬사; 칭찬하다	p
05	final		30	갑작스러운	s
06	give it a try		31	시끄러운, 떠들썩한	n
07	escape		32	교도소, 감옥	p
08	cage		33	유령, 귀신	g
09	loudly		34	(운동)선수	a
10	monster		35	약; 의학, 의술	m
11	record		36	기침하다; 기침	c
12	sore		37	목구멍, 목	t
13	cooking		38	녹다; 녹이다	m
14	boil		39	섞다, 혼합하다; 섞이다	b
15	serve		40	무례한, 예의 없는	r
16	turn over		41	맛있는	t
17	stare		42	조리[요리]법	r
18	stranger		43	쓸모 있는, 유용한	u
19	create		44	정보, 자료	i
20	own		45	목화; 면, 면직물	c
21	exchange		46	알파벳	a
22	sheet		47	사전	d
23	unique		48	말투, 악센트	a
24	course		49	소리 내어; 큰 소리로	a
25	look up		50	기억(력); 추억	m

누적 테스트 05일차

01	fail		26	수집품, 소장품	c
02	closely		27	쓰레기	g
03	cheer		28	용기	c
04	scream		29	탈출하다; 빠져나오다	e
05	male		30	아픈, 따가운, 쑤시는	s
06	slice		31	끓다; 끓이다; 삶다	b
07	would like to		32	빤히 쳐다보다, 응시하다	s
08	exchange		33	만들어 내다, 창작[창조]하다	c
09	useful		34	독특한, 특별한; 유일무이한	u
10	cotton		35	정보, 자료	i
11	cover		36	알파벳	a
12	design		37	강의, 강좌; 방향, 진로	c
13	accent		38	기억(력); 추억	m
14	basic		39	생물, 생명체	c
15	aloud		40	흔한; 공통의, 공동의	c
16	write down		41	관심, 흥미; 관심을 끌다	i
17	image		42	등산, 등반	c
18	mysterious		43	보통의, 평범한; 평균의	n
19	photography		44	외로운, 쓸쓸한	l
20	childhood		45	~에 반대하여[맞서]	a
21	defend		46	적; 적국, 적군	e
22	excite		47	폭탄	b
23	pack		48	항구	h
24	keep in mind		49	일정; 시간표	s
25	leave for		50	무덤, 묘	t

누적 테스트 06일차

#	영어		#	한국어	영어
01	bite		26	나무로 된, 목재의	w
02	collect		27	새장; (짐승의) 우리	c
03	local		28	요리(하기), 요리용의	c
04	set up		29	무례한, 예의 없는	r
05	climbing		30	맛있는	t
06	normal		31	사전	d
07	against		32	이미지, 인상; 상(像), 모습	i
08	enemy		33	생물, 생명체	c
09	bomb		34	흔한; 공통의, 공동의	c
10	harbor		35	어린 시절	c
11	tomb		36	방어[수비]하다, 지키다	d
12	flight		37	공격; 공격하다	a
13	certain		38	흥분시키다, 들뜨게 하다	e
14	explore		39	일정; 시간표	s
15	site		40	취소하다	c
16	lock		41	아주, 꽤, 상당히	q
17	main		42	상, 상품	p
18	source		43	100년, 1세기	c
19	heat		44	사원, 절	t
20	fantasy		45	발견하다; 찾다[알아내다]	d
21	classic		46	죽은	d
22	comic		47	로커, 사물함	l
23	creative		48	행성	p
24	look through		49	거인; 거대한	g
25	be into		50	제목; 칭호, 직함	t

누적 테스트 07일차

01 law
02 yard
03 royal
04 quite
05 prize
06 temple
07 dead
08 main
09 source
10 heat
11 planet
12 giant
13 title
14 award
15 perfect
16 relax
17 hike
18 describe
19 actually
20 happen
21 argue
22 chat
23 else
24 in fact
25 for sure

26 가슴, 흉부 — c
27 경쟁자, 경쟁 상대 — r
28 괴물 — m
29 조리[요리]법 — r
30 쓸모 있는, 유용한 — u
31 소리 내어; 큰 소리로 — a
32 등산, 등반 — c
33 무덤, 묘 — t
34 100년, 1세기 — c
35 발견하다; 찾다[알아내다] — d
36 잠그다; 잠기다; 자물쇠 — l
37 (한 편의) 시(詩) — p
38 결정하다, 결심하다 — d
39 (집합적으로) 시(詩), 운문 — p
40 대회, 콘테스트 — c
41 마침내, 결국 — f
42 명백하게, 분명히, 또렷하게 — c
43 실제의, 사실상의 — a
44 경험; 경험하다, 겪다 — e
45 야생의 — w
46 모험 — a
47 주제[화제]; 과목 — s
48 토론하다, 의논하다 — d
49 지혜, 현명함 — w
50 ~을 훑어보다 — l

누적 테스트 08일차

01	wooden		26	(저녁) 식사	s
02	chore		27	(운동)선수	a
03	feed		28	약; 의학, 의술	m
04	sudden		29	기침하다; 기침	c
05	pain		30	섞다, 혼합하다; 섞이다	b
06	noisy		31	목화; 면, 면직물	c
07	guard		32	말투, 악센트	a
08	coach		33	빤히 쳐다보다, 응시하다	s
09	certain		34	강의, 강좌; 방향, 진로	c
10	fantasy		35	관심, 흥미; 관심을 끌다	i
11	creative		36	보통의, 평범한; 평균의	n
12	deeply		37	외로운, 쓸쓸한	l
13	moment		38	어린 시절	c
14	seem		39	흥분시키다, 들뜨게 하다	e
15	western		40	취소하다	c
16	develop		41	숨을 쉬다, 호흡하다	b
17	language		42	관심[흥미] 있는	i
18	skill		43	문화	c
19	living		44	외국의	f
20	astronaut		45	엔지니어, 기술자	e
21	decorate		46	직업; 경력	c
22	wrap		47	서커스, 곡예	c
23	row		48	입구; 입장; 입학	e
24	chant		49	전통, 관습	t
25	be filled with		50	잠시 들르다	s

누적 테스트 09일차

01	poetry		26	만들어 내다, 창작[창조]하다 — c
02	contest		27	독특한, 특별한; 유일무이한 — u
03	finally		28	이미지, 인상; 상(像), 모습 — i
04	clearly		29	방어[수비]하다, 지키다 — d
05	actual		30	공격; 공격하다 — a
06	experience		31	아주, 꽤, 상당히 — q
07	wild		32	상, 상품 — p
08	adventure		33	행성 — p
09	subject		34	거인; 거대한 — g
10	discuss		35	~처럼 보이다, ~인 것 같다 — s
11	wisdom		36	솜씨[재주]; 기술 — s
12	culture		37	우주 비행사 — a
13	foreign		38	꾸미다, 장식하다 — d
14	tradition		39	상상하다 — i
15	smoke		40	~ 없이, ~하지 않고 — w
16	rise		41	전기, 전력 — e
17	human		42	~ 쪽으로, ~을 향해 — t
18	heaven		43	천장 — c
19	later		44	(영)혼; 정신 — s
20	crash		45	살아남다, 생존하다 — s
21	ashamed		46	끔찍한, 지독한 — a
22	pleased		47	항공기 — a
23	bitter		48	긴장한, 불안한 — n
24	bring back		49	신이 난, 흥분한 — e
25	to one's surprise		50	겁주다, 겁나게 하다 — s

누적 테스트 10일차

월　　　일　|　score　　/ 50

01	collection		26	곤충, 벌레	i
02	grocery		27	(들어)올리다	l
03	fair		28	국왕의, 왕실의	r
04	sore		29	큰 소리로, 시끄럽게	l
05	stranger		30	~에 반대하여[맞서]	a
06	own		31	적; 적국, 적군	e
07	mysterious		32	폭탄	b
08	pack		33	항구	h
09	keep in mind		34	숨을 쉬다, 호흡하다	b
10	explore		35	관심[흥미] 있는	i
11	site		36	직업; 경력	c
12	classic		37	부끄러운, 창피한	a
13	be into		38	기쁜, 만족스러운	p
14	interview		39	주제, 화제	t
15	such		40	토론, 의논	d
16	violent		41	싫어하다	d
17	borrow		42	무서운, 겁나는	s
18	lend		43	전통의, 전통적인	t
19	costume		44	예상[기대]하다; 기다리다	e
20	event		45	메시지, 전갈; 교훈	m
21	reply		46	그늘	s
22	nest		47	빛나다, 반짝이다	s
23	scene		48	잡초	w
24	root		49	재사용하다	r
25	cut down		50	버리다	t

누적 테스트 11일차

01	rude	26	생물, 생명체 — c
02	recipe	27	일정; 시간표 — s
03	cotton	28	무덤, 묘 — t
04	information	29	엔지니어, 기술자 — e
05	award	30	서커스, 곡예 — c
06	describe	31	입구; 입장; 입학 — e
07	happen	32	~ 없이, ~하지 않고 — w
08	argue	33	~ 쪽으로, ~을 향해 — t
09	else	34	(영)혼; 정신 — s
10	in fact	35	살아남다, 생존하다 — s
11	moment	36	끔찍한, 지독한 — a
12	seem	37	겁주다, 겁나게 하다 — s
13	develop	38	교육 — e
14	living	39	잡지 — m
15	general	40	결정, 판단 — d
16	opinion	41	우정; 친교, 친밀함 — f
17	neat	42	특히, 특별히 — e
18	pile	43	중요한 — i
19	fold	44	10대; 10대의 — t
20	disagree	45	아름다움, 미(美); 미인 — b
21	court	46	턱수염 — b
22	youth	47	곱슬곱슬한 — c
23	clever	48	빛나는, 반짝거리는 — s
24	look like	49	질투가 많은, 시기하는 — j
25	be famous for	50	금빛의, 황금색의 — g

누적 테스트 12일차

#	English		#	Korean	Hint
01	escape		26	교도소, 감옥	p
02	male		27	유령, 귀신	g
03	record		28	목구멍, 목	t
04	pour		29	끓다; 끓이다; 삶다	b
05	serve		30	사원, 절	t
06	century		31	제목; 칭호, 직함	t
07	discover		32	주제, 화제	t
08	lock		33	싫어하다	d
09	source		34	전통의, 전통적인	t
10	planet		35	그늘	s
11	discussion		36	빛나다, 반짝이다	s
12	lend		37	잡초	w
13	expect		38	재사용하다	r
14	harm		39	보호하다, 지키다	p
15	environment		40	해안, 연안	c
16	cycle		41	빨리, 빠르게	q
17	awesome		42	국가, 나라	n
18	southern		43	조언, 충고	a
19	virus		44	조언하다, 충고하다	a
20	spread		45	초대; 초대장	i
21	accept		46	자석	m
22	connect		47	암호, 부호	c
23	experiment		48	발명하다, 창안하다	i
24	make it		49	발명품; 발명	i
25	thanks to		50	단계, 시기; 무대	s

누적 테스트 13일차

01	image
02	childhood
03	excite
04	harbor
05	imagine
06	electricity
07	rise
08	ceiling
09	soul
10	aircraft
11	nervous
12	bitter
13	bring back
14	total
15	amount
16	fantastic
17	eastern
18	shore
19	personality
20	follow
21	several
22	rule
23	loose
24	blank
25	all of a sudden

26	법, 법률	l
27	쓰레기	g
28	두 사람[개]; 부부, 커플	c
29	조리[요리]법	r
30	쓸모 있는, 유용한	u
31	정보, 자료	i
32	사전	d
33	소리 내어; 큰 소리로	a
34	기억(력); 추억	m
35	정돈된, 깔끔한	n
36	더미, 쌓아 놓은 것	p
37	결정, 판단	d
38	졸리는	s
39	나누다, 분배하다	d
40	경치, 풍경	s
41	다정한, 친절한	f
42	발랄한, 쾌활한	c
43	대담한, 용감한	b
44	안전	s
45	어둠, 깜깜함	d
46	놀란, 놀라는	s
47	가능한; 있을 수 있는	p
48	건강한; 건강에 좋은	h
49	~로 유명하다	b
50	거꾸로	u

누적 테스트 14일차

| 월 | 일 | score / 50 |

01 deeply
02 skill
03 violent
04 reply
05 scene
06 shade
07 weed
08 protect
09 coast
10 advise
11 invitation
12 invention
13 stage
14 act
15 crazy
16 organize
17 cultural
18 care
19 lean
20 absent
21 control
22 focus
23 skip
24 result
25 take part in

26 숨을 쉬다, 호흡하다 b
27 문화 c
28 외국의 f
29 엔지니어, 기술자 e
30 서커스, 곡예 c
31 입구; 입장; 입학 e
32 전통, 관습 t
33 자전거를 타다; 순환 c
34 남쪽의, 남쪽에 있는 s
35 국가, 나라 n
36 자석 m
37 암호, 부호 c
38 발명하다, 창안하다 i
39 작은 조각; 조금, 약간 b
40 축제, 기념제 f
41 외국인 f
42 특별한, 특수한 s
43 부주의한, 조심성 없는 c
44 연세가 드신 e
45 약간, 조금 s
46 더 위의, 위에 있는 u
47 앞으로, 앞쪽으로 f
48 부정행위를 하다, 속이다 c
49 도전, 난제; 도전하다 c
50 끝나다 b

workbook • 13

누적 테스트 15일차

01 stare	26 흔한; 공통의, 공동의	c
02 course	27 보통의, 평범한; 평균의	n
03 look up	28 마침내, 결국	f
04 clearly	29 실제로, 정말로	a
05 describe	30 경험; 경험하다, 겪다	e
06 happen	31 모험	a
07 argue	32 토론하다, 의논하다	d
08 opinion	33 일반[보편/전반]적인	g
09 pile	34 교육	e
10 disagree	35 잡지	m
11 court	36 중요한	i
12 youth	37 곱슬곱슬한	c
13 proud	38 질투가 많은, 시기하는	j
14 powerful	39 금빛의, 황금색의	g
15 national	40 알리다, 통지하다	i
16 delight	41 정확한, 정밀한	e
17 fear	42 도착	a
18 report	43 군대, 육군	a
19 zone	44 나타내다, 표현하다	e
20 weigh	45 화, 분노	a
21 height	46 상황, 처지	s
22 diet	47 평화, 평화로움	p
23 heal	48 위치; 자세	p
24 lead to	49 (병으로 인한) 열	f
25 in case of	50 알약	p

누적 테스트 16일차

월   일 | score   / 50

#	영어		#	한국어	힌트
01	topic		26	미술관, 회랑	g
02	interview		27	칭찬, 찬사; 칭찬하다	p
03	borrow		28	용기	c
04	costume		29	이웃(사람)	n
05	root		30	토론, 의논	d
06	scenery		31	무서운, 겁나는	s
07	shore		32	예상[기대]하다; 기다리다	e
08	bold		33	메시지, 전갈; 교훈	m
09	personality		34	나누다, 분배하다	d
10	several		35	동쪽의, 동쪽에 있는	e
11	safety		36	발랄한, 쾌활한	c
12	blank		37	헐거운; 헐렁한	l
13	upside down		38	가능한; 있을 수 있는	p
14	able		39	주인, 소유자	o
15	communicate		40	모이다; 모으다	g
16	gesture		41	축하하다, 기념하다	c
17	return		42	퍼레이드, 행진	p
18	lost		43	승리	v
19	item		44	행동하다, 처신하다	b
20	twin		45	이슬	d
21	tend		46	자연; 천성, 본성	n
22	alike		47	얼다; 얼리다	f
23	wave		48	토양, 흙	s
24	float		49	흐르다; 흐름	f
25	give off		50	막 ~하려는 참이다	b

누적 테스트 17일차

01 certain
02 main
03 creative
04 fold
05 clever
06 inform
07 exact
08 proud
09 national
10 delight
11 report
12 height
13 lead to
14 cause
15 serious
16 solve
17 dialogue
18 deliver
19 hunger
20 contact
21 spin
22 sour
23 ache
24 no longer
25 get used to

26 아주, 꽤, 상당히 — q
27 발견하다; 찾다[알아내다] — d
28 거인; 거대한 — g
29 우정; 친교, 친밀함 — f
30 특히, 특별히 — e
31 10대; 10대의 — t
32 턱수염 — b
33 도착 — a
34 군대, 육군 — a
35 나타내다, 표현하다 — e
36 화, 분노 — a
37 상황, 처지 — s
38 위치; 자세 — p
39 허락하다, 용납하다 — a
40 자유 — f
41 표현; 표정 — e
42 어려움, 문제, 곤란 — t
43 사고; 우연(한 사건) — a
44 힘든, 어려운; 강인한; 거친 — t
45 (물품 · 편지 등의) 배달 — d
46 상품, 제품 — g
47 손님, 고객 — c
48 안전하게, 무사히 — s
49 냄새[악취] 나는 — s
50 균형; 균형을 잡다 — b

누적 테스트 18일차

월　　　일　|　score　　/ 50

01	excite	_____	26	상상하다	i _____
02	award	_____	27	(영)혼; 정신	s _____
03	poetry	_____	28	살아남다, 생존하다	s _____
04	actual	_____	29	긴장한, 불안한	n _____
05	wisdom	_____	30	작은 조각; 조금, 약간	b _____
06	decide	_____	31	축제, 기념제	f _____
07	organize	_____	32	연세가 드신	e _____
08	foreigner	_____	33	약간, 조금	s _____
09	careless	_____	34	더 위의, 위에 있는	u _____
10	lean	_____	35	평화로운; 평화적인	p _____
11	forward	_____	36	얻다; 늘리다	g _____
12	cheat	_____	37	부(富), 재산	w _____
13	absent	_____	38	명성, 명예	f _____
14	skip	_____	39	지도자, 리더	l _____
15	challenge	_____	40	전투; 투쟁, 싸움	b _____
16	be over	_____	41	활동적인; 적극적인	a _____
17	target	_____	42	일원, 멤버; 회원	m _____
18	lead	_____	43	조직, 기구	o _____
19	volunteer	_____	44	마지막으로, 끝으로	l _____
20	stir	_____	45	혼합(물)	m _____
21	society	_____	46	짚, 밀짚; 빨대	s _____
22	growth	_____	47	투표하다; 투표, 표	v _____
23	business	_____	48	조화, 화합; 화음	h _____
24	in need	_____	49	공장	f _____
25	ask for	_____	50	~에 참가[참여]하다	t _____

누적 테스트 19일차

01	spread	26 무례한, 예의 없는	r
02	accept	27 알파벳	a
03	connect	28 외국의	f
04	experiment	29 보호하다, 지키다	p
05	make it	30 해안, 연안	c
06	communicate	31 빨리, 빠르게	q
07	lost	32 조언하다, 충고하다	a
08	behave	33 초대; 초대장	i
09	tend	34 발명하다, 창안하다	i
10	flow	35 축하하다, 기념하다	c
11	give off	36 퍼레이드, 행진	p
12	be about to	37 승리	v
13	mild	38 자연; 천성, 본성	n
14	central	39 토양, 흙	s
15	host	40 몹시 추운	f
16	guest	41 맞이하다, 환영하다	g
17	sense	42 포옹하다; 포옹	h
18	search	43 끔찍한, 형편없는; 심한	t
19	double	44 놀라운, 굉장한	a
20	least	45 유머, 익살	h
21	single	46 재미있는, 유머러스한	h
22	none	47 지역, (특정 공간 내의) 구역	a
23	once	48 없어진, 실종된	m
24	put together	49 여분의, 추가의	e
25	make up	50 많음, 충분	p

누적 테스트 20일차

#	영어	한국어	#	한국어	영어
01	harm		26	갑작스러운	s
02	environment		27	섞다, 혼합하다; 섞이다	b
03	awesome		28	기억(력); 추억	m
04	southern		29	등산, 등반	c
05	nation		30	방어[수비]하다, 지키다	d
06	code		31	명백하게, 분명히, 또렷하게	c
07	allow		32	표현; 표정	e
08	freedom		33	어려움, 문제, 곤란	t
09	serious		34	사고; 우연(한 사건)	a
10	dialogue		35	힘든, 어려운; 강인한; 거친	t
11	delivery		36	손님, 고객	c
12	contact		37	유행하는; 고급의	f
13	ache		38	실패	f
14	get used to		39	잘못; 결점, 결함	f
15	blame		40	여러 가지의, 다양한	v
16	vary		41	사회의, 사회적인; 사교의	s
17	activity		42	중요성	i
18	introduce		43	~을 통해, ~을 지나서	t
19	regular		44	(폭이) 좁은	n
20	exercise		45	복잡한, 붐비는	c
21	chase		46	편안한; 안락한	c
22	tight		47	간단한; 단순한, 소박한	s
23	fit		48	직물, 천	f
24	pattern		49	더 이상 ~않다	n
25	at that time		50	나날이; 서서히	d

누적 테스트 21일차

01	violent		26	상상하다	i
02	traditional		27	천장	c
03	expect		28	외국인	f
04	reuse		29	특별한, 특수한	s
05	organize		30	부주의한, 조심성 없는	c
06	lean		31	앞으로, 앞쪽으로	f
07	absent		32	부정행위를 하다, 속이다	c
08	control		33	도전, 난제; 도전하다	c
09	result		34	일원, 멤버; 회원	m
10	target		35	혼합(물)	m
11	wealth		36	짚, 밀짚; 빨대	s
12	fame		37	제의[제안]하다; 제안, 제의	o
13	active		38	파괴하다	d
14	organization		39	마을	v
15	lastly		40	성공한, 성공적인	s
16	congratulation		41	성공	s
17	champion		42	사진작가, 사진사	p
18	flood		43	갑자기	s
19	whole		44	이유, 원인; 근거	r
20	female		45	우표; 도장, 스탬프	s
21	architect		46	벽장	c
22	mad		47	도구, 연장	t
23	instrument		48	사다리	l
24	tube		49	사슬, 체인; 연쇄, 연속	c
25	on the other hand		50	(기타) 등등	a

누적 테스트 22일차

월 　 일 | score 　 / 50

01 zone
02 weigh
03 heal
04 in case of
05 stir
06 society
07 growth
08 business
09 central
10 sense
11 search
12 put together
13 complete
14 guide
15 lower
16 level
17 neither
18 either
19 competition
20 include
21 pose
22 spray
23 roll
24 block
25 hand in hand

26 다정한, 친절한　f
27 가능한; 있을 수 있는　p
28 화, 분노　a
29 상황, 처지　s
30 위치; 자세　p
31 얻다; 늘리다　g
32 지도자, 리더　l
33 전투; 투쟁, 싸움　b
34 몹시 추운　f
35 맞이하다, 환영하다　g
36 놀라운, 굉장한　a
37 재미있는, 유머러스한　h
38 없어진, 실종된　m
39 여분의, 추가의　e
40 방문객, 손님　v
41 세계적인, 지구 전체의　g
42 오염　p
43 준비하다; 대비하다　p
44 아직; 이미, 벌써　y
45 생각하기; 생각　t
46 발표; 증정, 수여(식)　p
47 조용히　q
48 닫다; 닫히다; 닫힌　s
49 속도; 한 걸음, 보폭　p
50 기다리다　h

누적 테스트 23일차

01	harm	26	일정; 시간표	s
02	environment	27	입구; 입장; 입학	e
03	virus	28	~ 쪽으로, ~을 향해	t
04	experiment	29	교육	e
05	volunteer	30	우정; 친교, 친밀함	f
06	in need	31	중요한	i
07	ask for	32	곱슬곱슬한	c
08	fault	33	보호하다, 지키다	p
09	activity	34	국가, 나라	n
10	chase	35	초대; 초대장	i
11	fit	36	발명하다, 창안하다	i
12	day by day	37	성공	s
13	mention	38	이유, 원인; 근거	r
14	repair	39	벽장	c
15	copy	40	용서하다	f
16	print	41	가능성	p
17	wonder	42	질병, 병	d
18	form	43	기계	m
19	deaf	44	계곡, 골짜기	v
20	since	45	눈이 먼	b
21	badly	46	탄생, 출생	b
22	shock	47	부딪치다, 충돌하다	b
23	sharp	48	경보(기); 알람, 자명종	a
24	end up	49	살아 있는	a
25	go off	50	(기타) 등등	a

누적 테스트 24일차

월 일 | score / 50

01 able
02 item
03 tend
04 wave
05 give off
06 solve
07 deliver
08 spin
09 allow
10 blame
11 introduce
12 exercise
13 popular
14 humble
15 self
16 repeat
17 anyway
18 explain
19 apart
20 beyond
21 straight
22 reach
23 northern
24 get out of
25 in the middle of

26 해안, 연안 c
27 조언하다, 충고하다 a
28 암호, 부호 c
29 단계, 시기; 무대 s
30 투표하다; 투표; 표 v
31 조화, 화합; 화음 h
32 맞이하다, 환영하다 g
33 없어진, 실종된 m
34 여분의, 추가의 e
35 성공한, 성공적인 s
36 갑자기 s
37 우표; 도장, 스탬프 s
38 사다리 l
39 사회의, 사회적인; 사교의 s
40 중요성 i
41 나타나다; ~인 것 같다 a
42 해외에(서), 해외로 a
43 보통의, 평소의 u
44 부드러운, 온화한 g
45 실수, 잘못 m
46 이제는, 더 이상 a
47 어려움, 곤경 d
48 차이(점), 다름 d
49 거리; 먼 곳 d
50 ~위에; ~한 즉시 u

누적 테스트 25일차

01	mild	26	모이다; 모으다 — g
02	terrible	27	승리 — v
03	least	28	자연; 천성, 본성 — n
04	none	29	토양, 흙 — s
05	vary	30	표현; 표정 — e
06	regular	31	사고; 우연(한 사건) — a
07	tight	32	상품, 제품 — g
08	pattern	33	공장 — f
09	guide	34	평화로운; 평화적인 — p
10	level	35	질병, 병 — d
11	competition	36	기계 — m
12	mention	37	부딪치다, 충돌하다 — b
13	deaf	38	위험(성) — d
14	usual	39	사라지다 — d
15	gentle	40	영원히 — f
16	remain	41	계속되다; 계속하다 — c
17	silent	42	노예 — s
18	while	43	존재하다 — e
19	surprisingly	44	가라앉다; 싱크대 — s
20	servant	45	진흙 — m
21	still	46	가짜의; 모조[위조]품 — f
22	wheel	47	불공평한, 부당한 — u
23	beg	48	낭비; 쓰레기; 낭비하다 — w
24	choice	49	해법, 해결책; 해답 — s
25	over and over (again)	50	행동, 조치; 동작 — a

누적 테스트 26일차

| 월 | 일 | score | / 50 |

01 cause _____
02 contact _____
03 ache _____
04 flood _____
05 destroy _____
06 instrument _____
07 repair _____
08 form _____
09 end up _____
10 popular _____
11 explain _____
12 straight _____
13 reach _____
14 sentence _____
15 desert _____
16 examination _____
17 taste _____
18 master _____
19 hang _____
20 mind _____
21 direct _____
22 natural _____
23 right _____
24 review _____
25 stand _____

26 퍼레이드, 행진 p_____
27 손님, 고객 c_____
28 안전하게, 무사히 s_____
29 균형; 균형을 잡다 b_____
30 실패 f_____
31 복잡한, 붐비는 c_____
32 간단한; 단순한, 소박한 s_____
33 유행하는; 고급의 f_____
34 방문객, 손님 v_____
35 세계적인, 지구 전체의 g_____
36 오염 p_____
37 준비하다; 대비하다 p_____
38 계곡, 골짜기 v_____
39 경보(기); 알람, 자명종 a_____
40 해외에(서), 해외로 a_____
41 보통의, 평소의 u_____
42 이제는, 더 이상 a_____
43 어려움, 곤경 d_____
44 거리; 먼 곳 d_____
45 식물; (식물을) 심다; 공장 p_____
46 경기, 경주; 인종 r_____
47 수도; 대문자 c_____
48 나뭇가지; 분점, 지점 b_____
49 등급; 학년; 성적 g_____
50 가능성; 기회; 우연 c_____

누적 테스트 27일차

01	cycle
02	connect
03	make it
04	communicate
05	return
06	behave
07	serious
08	hunger
09	get used to
10	complete
11	either
12	include
13	wonder
14	go off
15	save
16	flat
17	miss
18	fix
19	track
20	figure
21	character
22	order
23	present
24	sign
25	well

26	결정, 판단	d
27	특히, 특별히	e
28	질투가 많은, 시기하는	j
29	조언, 충고	a
30	자석	m
31	외국인	f
32	연세가 드신	e
33	도전, 난제; 도전하다	c
34	축하하다, 기념하다	c
35	(발)걸음; 단계; 조치	s
36	자유	f
37	냄새[악취] 나는	s
38	여러 가지의, 다양한	v
39	(폭이) 좁은	n
40	직물, 천	f
41	노예	s
42	불공평한, 부당한	u
43	수도; 대문자	c
44	가능성; 기회; 우연	c
45	성공하다; 계승하다	s
46	눈물; 찢다; 찢어지다	t
47	경기, 시합; 성냥; 어울리다	m
48	제복, 유니폼; 균일한	u
49	들판; 경기장; 분야	f
50	막 ~하려는 참이다	b

누적 테스트 28일차

01 opinion ___
02 pile ___
03 golden ___
04 awesome ___
05 spread ___
06 accept ___
07 invention ___
08 silent ___
09 exist ___
10 fake ___
11 examination ___
12 direct ___
13 chance ___
14 succeed ___
15 anytime ___
16 background ___
17 beside ___
18 daytime ___
19 footprint ___
20 underground ___
21 weekday ___
22 outdoor ___
23 sometime ___
24 upstairs ___
25 stomachache ___

26 주인, 소유자   o ___
27 얼다; 얼리다   f ___
28 어려움, 문제, 곤란   t ___
29 힘든, 어려운; 강인한; 거친   t ___
30 ~을 통해, ~을 지나서   t ___
31 편안한; 안락한   c ___
32 실수, 잘못   m ___
33 차이(점), 다름   d ___
34 위험(성)   d ___
35 낭비; 쓰레기; 낭비하다   w ___
36 식물; (식물을) 심다; 공장   p ___
37 제복, 유니폼; 균일한   u ___
38 삽화; 미술품   a ___
39 시내에, 도심지의   d ___
40 두통   h ___
41 실내의, 실내에서   i ___
42 일생, 평생   l ___
43 달빛   m ___
44 (공공장소의) 화장실   r ___
45 (학교) 운동장   s ___
46 가사, 집안일   h ___
47 햇빛, 햇볕   s ___
48 치통[이앓이]   t ___
49 우주선   s ___
50 식사 시간   m ___

누적 테스트 29일차

01	vary
02	regular
03	pattern
04	architect
05	tube
06	sentence
07	desert
08	hang
09	natural
10	review
11	flat
12	track
13	figure
14	order
15	present
16	sticky
17	worried
18	chew
19	forget
20	useless
21	spill
22	curious
23	burn
24	although
25	bottom

26	생각하기; 생각	t
27	발표; 증정, 수여(식)	p
28	속도; 한 걸음, 보폭	p
29	제복, 유니폼; 균일한	u
30	성공하다; 계승하다	s
31	들판; 경기장; 분야	f
32	(발)걸음; 단계; 조치	s
33	시내에, 도심지의	d
34	위통, 복통	s
35	가사, 집안일	h
36	우주선	s
37	훔치다	s
38	박물관	m
39	현명하게	w
40	숨, 호흡	b
41	언젠가, 훗날	s
42	매우 좋아하는	f
43	그러나, 그렇지만	h
44	벽돌	b
45	봉투	e
46	기억하다; 기억나다	r
47	호기심	c
48	틀림없이, 확실히	c
49	도움이 되는	h
50	친절	k

누적 테스트 30일차   월   일 | score   / 50

01 general
02 neat
03 fold
04 court
05 single
06 once
07 make up
08 humble
09 repeat
10 sticky
11 steal
12 however
13 envelope
14 curiosity
15 nearly
16 afraid
17 hardly
18 spicy
19 cafeteria
20 slide
21 bother
22 sweat
23 dig
24 scared
25 perhaps

26 유머, 익살   h
27 지역, (특정 공간 내의) 구역   a
28 많음, 충분   p
29 ~을 통해, ~을 지나서   t
30 편안한; 안락한   c
31 가능성   p
32 탄생, 출생   b
33 용서하다   f
34 두통   h
35 평일   w
36 숨, 호흡   b
37 틀림없이, 확실히   c
38 진실, 사실   t
39 잠이 든   a
40 깃털   f
41 짠, 짭짤한   s
42 버릇, 습관   h
43 정기[규칙]적으로   r
44 야단치다, 꾸짖다   s
45 보통, 대개   u
46 먼지, 흙   d
47 죽음, 사망   d
48 지루한, 따분한   b
49 성(城), 성곽   c
50 불가능한   i

Answer Key

DAY 02
01 물다; 한 입; 물린 상처 02 표시하다; 자국; 표시 03 실패하다; (시험에) 떨어지다 04 전시하다, 진열하다; 전시, 진열 05 모으다, 수집하다 06 (특정) 지역의, 현지의 07 (몸의 일부를) 굽히다; 구부리다 08 나무로 된, 목재의 09 허드렛일, 잡일; 하기 싫은[따분한] 일 10 저녁 (식사) 11 먹이를 주다; 밥을 먹이다 12 세우다, 설치하다 13 ~로 덮여 있다 14 지역, 동네; 근처, 인근 15 면밀히, 자세히; 가까이; 밀접하게 16 경비[경호]원; 지키다, 경호하다 17 환호하다; 응원하다; 환호(성) 18 (물속으로) 뛰어들다; 잠수하다; 다이빙 19 공정한, 공평한; 합리적인, 적당한 20 (스포츠 팀의) 코치; 코치하다, 지도하다 21 마지막, 최종적인; 결승(전) 22 그물, 망; (축구·테니스 등의) 네트 23 칭찬, 찬사; 칭찬하다 24 교대로 하다 25 시도하다, 한번 해보다 26 insect 27 medical 28 college 29 law 30 collection 31 gallery 32 lift 33 grocery 34 garbage 35 yard 36 garage 37 local 38 praise 39 soldier 40 courage 41 sudden 42 pain 43 chest 44 stomach 45 noisy 46 ordinary 47 neighbor 48 royal 49 couple 50 rival

DAY 03
01 곤충, 벌레 02 법, 법률 03 수집품, 소장품 04 (들어)올리다 05 식료품 06 쓰레기 07 마당, 뜰 08 차고 09 용기 10 갑작스러운 11 고통, 통증 12 가슴, 흉부 13 시끄러운, 떠들썩한 14 국왕의, 왕실의 15 두 사람[개]; 부부, 커플 16 경쟁자, 경쟁 상대 17 비명을 지르다; 소리치다; 비명 18 남자[남성/수컷]의; 남자[남성/수컷] 19 속도, 속력; 빨리 가다, 질주하다 20 (문서의) 기록; 경기 기록; 기록하다; 녹음[녹화]하다 21 따르다[붓다]; (비가) 퍼붓다; 쏟아내다 22 (음식을) 제공하다; 응대하다; 일[봉사]하다 23 (얇게 썬) 조각; 얇게 썰다[자르다] 24 ~을 뒤집다 25 ~하고 싶다 26 medical 27 college 28 gallery 29 wooden 30 supper 31 soldier 32 stomach 33 ordinary 34 neighbor 35 boil 36 escape 37 prison 38 cage 39 loudly 40 ghost 41 monster 42 athlete 43 medicine 44 cough 45 sore 46 throat 47 cooking 48 melt 49 blend 50 take, turns

DAY 04
01 표시하다; 자국; 표시 02 전시하다, 진열하다; 전시, 진열 03 (몸의 일부를) 굽히다; 구부리다 04 지역, 동네; 근처, 인근 05 마지막, 최종적인; 결승(전) 06 시도하다, 한번 해보다 07 탈출하다; 빠져나오다 08 새장; (짐승의) 우리 09 큰 소리로, 시끄럽게 10 괴물 11 (문서의) 기록; 경기 기록; 기록하다; 녹음[녹화]하다 12 아픈, 따가운, 쑤시는 13 요리(하기), 요리용의 14 끓다; 끓이다; 삶다 15 (음식을) 제공하다; 응대하다; 일[봉사]하다 16 ~을 뒤집다 17 빤히 쳐다보다, 응시하다 18 낯선 사람; (어떤 곳에) 처음 온 사람 19 만들어 내다, 창작[창조]하다 20 자기 자신의; 소유하다 21 교환; 교환하다, 주고받다 22 시트, 얇은 천; (종이) 한 장 23 독특한, 특별한; 유일무이한 24 강의, 강좌; 방향, 진로 25 (정보를) 찾아보다 26 grocery 27 garage 28 local 29 praise 30 sudden 31 noisy 32 prison 33 ghost 34 athlete 35 medicine 36 cough 37 throat 38 melt 39 blend 40 rude 41 tasty 42 recipe 43 useful 44 information 45 cotton 46 alphabet 47 dictionary 48 accent 49 aloud 50 memory

DAY 05
01 실패하다; (시험에) 떨어지다 02 면밀히, 자세히; 가까이; 밀접하게 03 환호하다; 응원하다; 환호(성) 04 비명을 지르다; 소리치다; 비명 05 남자[남성/수컷]의; 남자[남성/수컷] 06 (얇게 썬) 조각; 얇게 썰다[자르다] 07 ~하고 싶다 08 교환; 교환하다, 주고받다 09 쓸모 있는, 유용한 10 목화; 면, 면직물 11 덮다; 가리다; 덮개, 커버 12 디자인; 무늬; 디자인하다, 설계하다 13 말투, 악센트 14 기본적인, 기초적인; 기본, 기초 15 소리 내어; 큰 소리로 16 ~을 적다 17 이미지, 인상; 상(像), 모습 18 이해하기 힘든, 기이한 19 사진술, 사진 촬영 20 어린 시절 21 방어[수비]하다, 지키다 22 흥분시키다, 들뜨게 하다 23 (짐을) 싸다; 포장하다; 한 상자[팩/갑] 24 ~을 명심하다, 기억하다 25 ~로 떠나다 26 collection 27 garbage 28 courage 29 escape 30 sore 31 boil 32 stare 33 create 34 unique 35 information 36 alphabet 37 course 38 memory 39 creature 40 common 41 interest 42 climbing 43 normal 44 lonely 45 against 46 enemy 47 bomb 48 harbor 49 schedule 50 tomb

DAY 06
01 물다; 한 입; 물린 상처 02 모으다, 수집하다 03 (특정) 지역의, 현지의 04 세우다, 설치하다 05 등산, 등반 06 보통의, 평범한; 평균의 07 ~에 반대하여[맞서] 08 적; 적국, 적군 09 폭탄 10 항구 11 무덤, 묘 12 (비행기) 여행, 항공편 13 확실한, 확신하는; 어떤 14 탐험[답사]하다; 조사[탐구]하다 15 위치[장소]; (건축용) 용지[부지] 16 잠그다; 잠기다; 자물쇠 17 주된, 주요한; (같은 종류 중) 가장 큰 18 (사물 등의) 원천; 근원, 원인 19 따뜻하게 하다, 데우다; 열;

더위 20 공상, 환상; (문학·영화의) 판타지 21 걸작의, 고전적인; 전형적인; (책·음악 등이) 고전 22 코미디의[희극의]; 웃기는; 만화책 23 창의[창조]적인; 창의력이 있는 24 ~을 훑어보다 25 ~에[을] 관심이 많다[좋아하다] 26 wooden 27 cage 28 cooking 29 rude 30 tasty 31 dictionary 32 image 33 creature 34 common 35 childhood 36 defend 37 attack 38 excite 39 schedule 40 cancel 41 quite 42 prize 43 century 44 temple 45 discover 46 dead 47 locker 48 planet 49 giant 50 title

DAY 07

01 법, 법률 02 마당, 뜰 03 국왕의, 왕실의 04 아주, 꽤, 상당히 05 상, 상품 06 사원, 절 07 죽은 08 주된, 주요한; (같은 종류 중) 가장 큰 09 (사물 등의) 원천; 근원, 원인 10 따뜻하게 하다, 데우다; 열; 더위 11 행성 12 거인; 거대한 13 제목; 칭호, 직함 14 상; (상 등을) 수여하다, 주다 15 (결함 없는) 완벽한; (목적에) 꼭 알맞은 16 (느긋이) 쉬다; (몸의) 긴장을 풀다, ~의 힘을 빼다 17 하이킹[도보 여행]하다; 하이킹[도보 여행] 18 (특징 등을) 말하다, 묘사하다 19 실제로, 정말로 20 (사건 등이) 일어나다; 우연히 ~하다 21 언쟁을 하다, 다투다; 주장하다 22 잡담하다, 수다 떨다; 잡담, 수다 23 그 밖의, 다른; 그 밖에, 달리 24 사실은 25 확실히, 틀림없이 26 chest 27 rival 28 monster 29 recipe 30 useful 31 aloud 32 climbing 33 tomb 34 century 35 discover 36 lock 37 poem 38 decide 39 poetry 40 contest 41 finally 42 clearly 43 actual 44 experience 45 wild 46 adventure 47 subject 48 discuss 49 wisdom 50 look, through

DAY 08

01 나무로 된, 목재의 02 허드렛일, 잡일; 하기 싫은[따분한] 일 03 먹이를 주다; 밥을 먹이다 04 갑작스러운 05 고통, 통증 06 시끄러운, 떠들썩한 07 경비[경호]원; 지키다, 경호하다 08 (스포츠 팀의) 코치; 코치하다, 지도하다 09 확실한, 확신하는; 어떤 10 공상, 환상; (문학·영화의) 판타지 11 창의[창조]적인; 창의력이 있는 12 몹시, 대단히; 깊이, 깊게 13 (특정한) 순간, 시점; 잠깐, 잠시 14 ~처럼 보이다, ~인 것 같다 15 서쪽의, 서쪽에 있는; 서양의 16 발달[발전]시키다; 발전하다; 개발하다 17 언어, 말 18 솜씨[재주]; 기술 19 살아 있는; 생활비, 생계 수단 20 우주 비행사 21 꾸미다, 장식하다 22 싸다, 포장하다; (몸을) (감)싸다 23 열, 줄; (극장 등의 좌석) 줄 24 구호; (거듭) 외치다, 연호하다 25 ~로 가득 차다 26 supper 27 athlete 28 medicine 29 cough 30 blend 31 cotton 32 accent 33 stare 34 course 35 interest 36 normal 37 lonely 38 childhood 39 excite 40 cancel 41 breathe 42 interested 43 culture 44 foreign 45 engineer 46 career 47 circus 48 entrance 49 tradition 50 stop, by

DAY 09

01 (집합적으로) 시(詩), 운문 02 대회, 콘테스트 03 마침내, 결국 04 명백하게, 분명히, 또렷하게 05 실제의, 사실상의 06 경험; 경험하다, 겪다 07 야생의 08 모험 09 주제[화제]; 과목 10 토론하다, 의논하다 11 지혜, 현명함 12 문화 13 외국의 14 전통, 관습 15 연기; 담배를 피우다 16 오르다; (수량이) 증가하다; (해·달이) 뜨다 17 인간[사람]의; 인간, 사람 18 천국, 하늘나라; 낙원 19 뒤에, 나중에; 더 뒤[나중]의 20 충돌[추락]하다; 충돌, 추락 21 부끄러운, 창피한 22 기쁜, 만족스러운 23 쓰라린, 고통스러운; 맛이 쓴 24 ~을 기억나게 하다[상기시키다]; ~을 돌려주다 25 놀랍게도 26 create 27 unique 28 image 29 defend 30 attack 31 quite 32 prize 33 planet 34 giant 35 seem 36 skill 37 astronaut 38 decorate 39 imagine 40 without 41 electricity 42 toward 43 ceiling 44 soul 45 survive 46 awful 47 aircraft 48 nervous 49 excited 50 scare

DAY 10

01 수집품, 소장품 02 식료품 03 공정한, 공평한; 합리적인, 적당한 04 아픈, 따가운, 쑤시는 05 낯선 사람; (어떤 곳에) 처음 온 사람 06 자기 자신의; 소유하다 07 이해하기 힘든, 기이한 08 (짐을) 싸다; 포장하다; 한 상자[팩/갑] 09 ~을 명심하다, 기억하다 10 탐험[답사]하다; 조사[탐구]하다 11 위치[장소]; (건축용) 용지[부지] 12 걸작의, 고전적인; 전형적인; (책·음악 등이) 고전 13 ~에[을] 관심이 많다[좋아하다] 14 면접, 인터뷰[회견]; 인터뷰를 하다 15 그러한; ~와 같은; 매우 ~한 16 폭력적인, 난폭한; 격렬한, 맹렬한 17 빌리다 18 빌려주다 19 복장, 의상; 기성복 20 사건[일]; 행사 21 대답하다, 답변하다; 대답 22 (새의) 둥지; (곤충·작은 동물의) 집[보금자리] 23 (영화 등의) 장면; 경치, 풍경 24 (식물의) 뿌리; 근원, 핵심 25 (나무를) 베어 넘어뜨리다; 줄이다, 삭감하다 26 insect 27 lift 28 royal 29 loudly 30 against 31 enemy 32 bomb 33 harbor 34 breathe 35 interested 36 career 37 ashamed 38 pleased 39

topic 40 discussion 41 dislike 42 scary 43 traditional 44 expect 45 message 46 shade 47 shine 48 weed 49 reuse 50 throw, away

DAY 11

01 무례한, 예의 없는 02 조리[요리]법 03 목화; 면, 면직물 04 정보, 자료 05 상; (상 등을) 수여하다, 주다 06 (특징 등을) 말하다, 묘사하다 07 (사건 등이) 일어나다; 우연히 ~하다 08 언쟁을 하다, 다투다; 주장하다 09 그 밖의, 다른; 그 밖에, 달리 10 사실은 11 (특정한) 순간, 시점; 잠깐, 잠시 12 ~처럼 보이다, ~인 것 같다 13 발달[발전]시키다; 발전하다; 개발하다 14 살아 있는; 생활비, 생계 수단 15 일반[보편/전반]적인 16 의견[견해/생각] 17 정돈된, 깔끔한 18 더미, 쌓아 놓은 것 19 접다; (손·팔 등을) 끼다 20 동의하지 않다, 의견이 다르다 21 법정, 법원; (테니스 등의) 코트 22 젊은 시절; 젊음; 젊은이, 청년 23 영리한; 기발한 24 ~처럼 보이다, ~와 닮다; ~할 것 같다 25 ~로 유명하다 26 creature 27 schedule 28 tomb 29 engineer 30 circus 31 entrance 32 without 33 toward 34 soul 35 survive 36 awful 37 scare 38 education 39 magazine 40 decision 41 friendship 42 especially 43 important 44 teen 45 beauty 46 beard 47 curly 48 shiny 49 jealous 50 golden

DAY 12

01 탈출하다; 빠져나오다 02 남자[남성/수컷]의; 남자[남성/수컷] 03 (문서의) 기록; 경기 기록; 기록하다; 녹음[녹화]하다 04 따르다[붓다]; (비가) 퍼붓다; 쏟아내다 05 (음식을) 제공하다; 응대하다; 일[봉사]하다 06 100년, 1세기 07 발견하다; 찾다[알아내다] 08 잠그다; 잠기다; 자물쇠 09 (사물 등의) 원천; 근원, 원인 10 행성 11 토론, 의논 12 빌려주다 13 예상[기대]하다; 기다리다 14 해치다, 상하게 하다; 해, 손해 15 (주변의) 환경; 자연 환경 16 자전거를 타다; 순환 17 굉장한, 아주 멋진 18 남쪽의, 남쪽에 있는 19 바이러스; 바이러스성 질환; (컴퓨터) 바이러스 20 펴다; (팔 등을) 벌리다; 퍼지다; 퍼뜨리다 21 받아들이다, 수락하다 22 연결하다; 접속하다; 관련시키다 23 실험; 실험하다 24 성공하다, 해내다; 시간 맞춰 가다 25 ~덕분에[때문에] 26 prison 27 ghost 28 throat 29 boil 30 temple 31 title 32 topic 33 dislike 34 traditional 35 shade 36 shine 37 weed 38 reuse 39 protect 40 coast 41 quickly 42 nation 43 advice 44 advise 45 invitation 46 magnet 47 code 48 invent 49 invention 50 stage

DAY 13

01 이미지, 인상; 상(像), 모습 02 어린 시절 03 흥분시키다, 들뜨게 하다 04 항구 05 상상하다 06 전기, 전력 07 오르다; (수량이) 증가하다; (해·달이) 뜨다 08 천장 09 (영)혼; 정신 10 항공기 11 긴장한, 불안한 12 쓰라린, 고통스러운; 맛이 쓴 13 ~을 기억나게 하다[상기시키다]; ~을 돌려주다 14 합계, 총액; 총, 전체의 15 (무엇의) 양; (돈의) 액수 16 멋진, 환상적인 17 동쪽의, 동쪽에 있는 18 (바다·호수 등의) 물가, 해안 19 성격, 인격; 개성 20 따라가다[오다]; ~의 다음에 오다; (충고 등을) 따르다 21 몇몇의 22 규칙; 지배[통치]하다 23 헐거운; 헐렁한 24 공백의; (공간 등이) 빈; 빈칸 25 갑자기 26 law 27 garbage 28 couple 29 recipe 30 useful 31 information 32 dictionary 33 aloud 34 memory 35 neat 36 pile 37 decision 38 sleepy 39 divide 40 scenery 41 friendly 42 cheerful 43 bold 44 safety 45 darkness 46 surprised 47 possible 48 healthy 49 be, famous, for 50 upside, down

DAY 14

01 몹시, 대단히; 깊이, 깊게 02 솜씨[재주]; 기술 03 폭력적인, 난폭한; 격렬한; 맹렬한 04 대답하다; 답변하다; 대답 05 (영화 등의) 장면; 경치, 풍경 06 그늘 07 잡초 08 보호하다, 지키다 09 해안, 연안 10 조언하다, 충고하다 11 초대; 초대장 12 발명품; 발명 13 단계, 시기; 무대 14 행동하다; 연기하다; 행동 15 미친, 제정신이 아닌; 열광하는 16 준비[조직]하다; 정리하다 17 문화의, 문화적인 18 돌봄, 보살핌; 조심, 주의; 신경 쓰다 19 기울다, (몸을) 숙이다; 기대다 20 결석한, 결근한; 없는, 결여된 21 통제(력); 통제하다 22 집중하다[시키다]; 초점 23 (일 등을) 거르다, 생략하다 24 결과; (~의 결과로) 발생하다[생기다] 25 ~에 참가[참여]하다 26 breathe 27 culture 28 foreign 29 engineer 30 circus 31 entrance 32 tradition 33 cycle 34 southern 35 nation 36 magnet 37 code 38 invent 39 bit 40 festival 41 foreigner 42 special 43 careless 44 elderly 45 slightly 46 upper 47 forward 48 cheat 49 challenge 50 be, over

DAY 15

01 빤히 쳐다보다, 응시하다 02 강의, 강좌; 방향, 진로 03 (정보를) 찾아보다 04 명백하게, 분명히, 또렷하게 05 (특징 등을) 말하다, 묘사하다 06 (사건 등이) 일어나다; 우연히 ~하다 07 언쟁을 하다, 다투다; 주장하다 08 의견[견해/생각] 09 더미, 쌓아 놓은 것 10 동의하지 않다, 의견이 다르다 11 법정, 법원; (테니스 등의) 코트 12 젊은 시절; 젊음; 젊은이, 청년 13 자랑스러워하는, 자랑스러운; 거만한 14 영향력 있는; 강력한; 효과적인 15 국가의, 국가적인; 국립의, 국영의 16 기쁨, 즐거움; 기쁘게 하다 17 두려움, 공포; 두려워[무서워]하다 18 보고(서); 보고하다; 보도하다 19 지역, 구역 20 무게가 ~이다; 무게를 달다 21 높이; 키[신장] 22 (일상적인) 식사; 다이어트, 식이 요법 23 낫다; 낫게 하다 24 ~로 이어지다, ~을 초래하다 25 ~의 경우에, ~이 발생할 시에 26 common 27 normal 28 finally 29 actually 30 experience 31 adventure 32 discuss 33 general 34 education 35 magazine 36 important 37 curly 38 jealous 39 golden 40 inform 41 exact 42 arrival 43 army 44 express 45 anger 46 situation 47 peace 48 position 49 fever 50 pill

DAY 16

01 주제, 화제 02 면접; 인터뷰[회견]; 인터뷰를 하다 03 빌리다 04 복장, 의상; 기성복 05 (식물의) 뿌리; 근원, 핵심 06 경치, 풍경 07 (바다·호수 등의) 물가, 해안 08 대담한, 용감한 09 성격, 인격; 개성 10 몇몇의 11 안전 12 공백의; (공간 등이) 빈; 빈칸 13 거꾸로 14 ~할 수 있는, 능력 있는, 유능한 15 연락을 주고받다, 의사소통을 하다 16 몸짓, 제스처; 의사 표현, 표시 17 돌아오다[가다]; 돌려주다, 반납하다; 돌아옴[감] 18 길을 잃은; 잃어버린 19 (목록상의 개개) 항목; 물품[품목] 20 쌍둥이; 쌍둥이의 21 ~하는 경향이 있다, ~하기 쉽다 22 비슷한; 비슷하게 23 파도, 물결; (손을) 흔들다; 흔들리다; 흔들다 24 (물에) 뜨다; (공중에) 떠다니다 25 (열·냄새·빛 등을) 내다[풍기다/발하다] 26 gallery 27 praise 28 courage 29 neighbor 30 discussion 31 scary 32 expect 33 message 34 divide 35 eastern 36 cheerful 37 loose 38 possible 39 owner 40 gather 41 celebrate 42 parade 43 victory 44 behave 45 dew 46 nature 47 freeze 48 soil 49 flow 50 be, about, to

DAY 17

01 확실한, 확신하는; 어떤 02 주된, 주요한; (같은 종류 중) 가장 큰 03 창의[창조]적인; 창의력이 있는 04 접다; (손·팔 등을) 끼다 05 영리한; 기발한 06 알리다, 통지하다 07 정확한, 정밀한 08 자랑스러워하는, 자랑스러운; 거만한 09 국가의, 국가적인; 국립의, 국영의 10 기쁨, 즐거움; 기쁘게 하다 11 보고(서); 보고하다; 보도하다 12 높이; 키[신장] 13 ~로 이어지다, ~을 초래하다 14 원인; ~을 초래하다 15 심각한; 진지한 16 (문제 등을) 풀다, 해결하다 17 대화, 회화 18 배달하다; (연설·강연 등을) 하다 19 배고픔; 굶주림; 열망 20 접촉; 연락; 연락하다 21 돌다, 회전하다; 돌리다 22 (맛이) 신, 시큼한; (우유 등이) 상한 23 (계속적인) 아픔, 쑤심; 아프다, 쑤시다 24 더 이상 ~않다 25 ~에 익숙해지다 26 quite 27 discover 28 giant 29 friendship 30 especially 31 teen 32 beard 33 arrival 34 army 35 express 36 anger 37 situation 38 position 39 allow 40 freedom 41 expression 42 trouble 43 accident 44 tough 45 delivery 46 goods 47 customer 48 safely 49 smelly 50 balance

DAY 18

01 흥분시키다, 들뜨게 하다 02 상; (상 등을) 수여하다, 주다 03 (집합적으로) 시(詩), 운문 04 실제의, 사실상의 05 지혜, 현명함 06 결정하다, 결심하다 07 준비[조직]하다; 정리하다 08 외국인 09 부주의한, 조심성 없는 10 기울다, (몸을) 숙이다; 기대다 11 앞으로, 앞쪽으로 12 부정행위를 하다, 속이다 13 결석한, 결근한; 없는, 결여된 14 (일 등을) 거르다; 건너뛰다, 생략하다 15 도전, 난제; 도전하다 16 끝나다 17 목표; (공격의) 표적; 목표로 삼다 18 안내하다; 지도하다, 이끌다 19 지원자, 자원봉사자; 자원하다, 자원봉사 하다 20 젓다, (저어 가며) 섞다 21 사회 (집단); (협)회 22 성장; (크기·양 등의) 증가 23 사업, 장사; 업무 24 어려움에 처한, 궁핍한 25 ~을 요구[요청]하다 26 imagine 27 soul 28 survive 29 nervous 30 bit 31 festival 32 elderly 33 slightly 34 upper 35 peaceful 36 gain 37 wealth 38 fame 39 leader 40 battle 41 active 42 member 43 organization 44 lastly 45 mixture 46 straw 47 vote 48 harmony 49 factory 50 take, part, in

DAY 19

01 펴다; (팔 등을) 벌리다; 퍼지다; 퍼뜨리다 02 받아들이다, 수락하다 03 연결하다; 접속하다; 관련시키다 04 실험; 실험하다 05 성공하다, 해내다; 시간 맞춰 가다 06 연락을 주고받다, 의사소통을 하다 07 길을 잃은; 잃어버린 08 행동하다, 처신하다 09 ~하는 경향이 있다, ~하기 쉽다 10 흐르다; 흐름 11 (열·냄새·빛 등을) 내다[풍기다/발하다] 12 막 ~하려는 참이다 13 가벼운[순한]; (날씨가) 포근한 14 중심[중앙]인; 중심적인 15 (손님을 초대한) 주인; 주최[개최]하다 16 손님; 투숙객 17 감각; -감[느낌]; 감각 능력 18 찾아보다, 수색하다; 찾기, 수색 19 두 배의; 두 개로 된; 2인용의; 두 배로 되다 20 가장 작은[적은]; 가장 덜[적게] 21 단 하나의; 1인용의 22 아무[하나]도 ~않다[없다] 23 한 번; (과거) 언젠가[한때] 24 합하다; 조립하다, (모아서) 만들다 25 ~을 이루다[형성하다]; 지어내다 26 rude 27 alphabet 28 foreign 29 protect 30 coast 31 quickly 32 advise 33 invitation 34 invent 35 celebrate 36 parade 37 victory 38 nature 39 soil 40 freezing 41 greet 42 hug 43 terrible 44 amazing 45 humor 46 humorous 47 area 48 missing 49 extra 50 plenty

DAY 20

01 해치다, 상하게 하다; 해, 손해 02 (주변의) 환경; 자연 환경 03 굉장한, 아주 멋진 04 남쪽의, 남쪽에 있는 05 국가, 나라 06 암호, 부호 07 허락하다, 용납하다 08 자유 09 심각한; 진지한 10 대화, 회화 11 (물품·편지 등의) 배달 12 접촉; 연락; 연락하다 13 (계속적인) 아픔, 쑤심; 아프다, 쑤시다 14 ~에 익숙해지다 15 탓하다, 비난하다; 비난 16 서로[각기] 다르다; 달라지다 17 (활발한) 움직임, 활기; (특정 분야의) 활동 18 (모르던 것·사람을) 소개하다 19 규칙적인, 정기적인, 보통의 20 운동; 연습; 훈련; 운동하다 21 뒤쫓다, 추적하다; 추적, 추격 22 꽉 끼는; 단단히 맨; 단단히, 꽉 23 꼭 맞다; 적합하다, 어울리다 24 무늬; (사고·행동 등의) 양식, 패턴 25 그때, 그 당시 26 sudden 27 blend 28 memory 29 climbing 30 defend 31 clearly 32 expression 33 trouble 34 accident 35 tough 36 customer 37 fashionable 38 failure 39 fault 40 various 41 social 42 importance 43 through 44 narrow 45 crowded 46 comfortable 47 simple 48 fabric 49 no, longer 50 day, by, day

DAY 21

01 폭력적인, 난폭한; 격렬한, 맹렬한 02 전통의, 전통적인 03 예상[기대]하다; 기다리다 04 재사용하다 05 준비[조직]하다; 정리하다 06 기울다, (몸을) 숙이다; 기대다 07 결석한, 결근한; 없는, 결여된 08 통제(력); 통제하다 09 결과; (~의 결과로) 발생하다[생기다] 10 목표; (공격의) 표적; 목표로 삼다 11 부(富), 재산 12 명성, 명예 13 활동적인; 적극적인 14 조직, 기구 15 마지막으로, 끝으로 16 축하 (인사) 17 챔피언, (경기의) 우승자 18 홍수; 물에 잠기게 하다 19 전체의, 모든; 전체 20 여자[여성/암컷]의; 여자[여성/암컷] 21 건축가 22 몹시 화가 난; 미친, 정신 나간 23 (정밀) 기구, 도구, 악기 24 관; (치약 등의) 통[튜브] 25 다른 한편으로는, 반면에 26 imagine 27 ceiling 28 foreign 29 special 30 careless 31 forward 32 cheat 33 challenge 34 member 35 mixture 36 straw 37 offer 38 destroy 39 village 40 successful 41 success 42 photographer 43 suddenly 44 reason 45 stamp 46 closet 47 tool 48 ladder 49 chain 50 and, so, on

DAY 22

01 지역, 구역 02 무게가 ~이다; 무게를 달다 03 낮다; 낮게 하다 04 ~의 경우에, ~이 발생할 시에 05 젓다, (저어 가며) 섞다 06 사회 (집단); (협)회 07 성장; (크기·양 등의) 증가 08 사업, 장사; 업무 09 중심[중앙]인; 중심적인 10 (오감 중의 하나인) 감각; -감[느낌]; 감각 능력 11 찾아보다, 수색하다; 찾기, 수색 12 합하다; 조립하다, (모아서) 만들다 13 완벽한, 완전한; 완료하다; 완성하다 14 안내인[가이드]; 안내서; 안내하다 15 아래쪽의; 낮추다, 내리다 16 수준, 단계; 높이, 고도 17 (둘 중) 어느 쪽도 ~아니다 18 (둘 중) 어느 한 쪽; ~도 또한 (… 않다) 19 경쟁; 대회, 시합 20 포함하다; 포함시키다 21 포즈를 취하다; 자세, 포즈 22 뿌리다; 뿌려지다; 분무기, 스프레이 23 구르다; 굴리다; 돌리다; 통, 두루마리 24 토막; 한 구획[블록]; 막다, 차단하다 25 서로 손을 잡고 26 friendly 27 possible 28 anger 29 situation 30 position 31 gain 32 leader 33 battle 34 freezing 35 greet 36 amazing 37 humorous 38 missing 39 extra 40 visitor 41 global 42 pollution 43 prepare 44 yet 45 thought 46 presentation 47 quietly 48 shut 49 pace 50 hold, on

DAY 23

01 해치다, 상하게 하다; 해, 손해 02 (주변의) 환경; 자연 환경 03 바이러스; 바이러스성 질환; (컴퓨터) 바이러스 04 실험; 실험하다 05 지원자, 자원봉사자; 자원하다, 자원봉사 하다 06 어려움에 처한, 궁핍한 07 ~을 요구[요청]하다 08 잘못; 결점, 결함 09 (활발한) 움직임, 활기; (특정 분야의) 활동 10 뒤쫓다, 추적하다; 추적, 추격 11 꼭 맞다; 적합하다, 어울리다 12 나날이; 서서히 13 (말·글로) 언급[거론]하다 14 수리[수선]하다; 수리, 수선 15 복사(본); 복사하다; 모방하다 16 인쇄하다, 프린트를 하다 17 궁금하다; 놀라다; 놀라움, 경탄 18 종류, 유형; (문서의) 서식; 형성되다; 형성하다 19 귀가 먼 20 ~부터[이후]; ~한 이후로; ~이므로 21 나쁘게, 서투르게; 대단히, 몹시 22 충격; 충격적인 일; 충격을 주다 23 날카로운, 뾰족한; 급격한 24 결국 (어떤 처지에) 처하게 되다 25 폭발하다[터지다]; (경보기 등이) 울리다 26 schedule 27 entrance 28 toward 29 education 30 friendship 31 important 32 curly 33 protect 34 nation 35 invitation 36 invent 37 success 38 reason 39 closet 40 forgive 41 possibility 42 disease 43 machine 44 valley 45 blind 46 birth 47 bump 48 alarm 49 alive 50 and, so, on

DAY 24

01 ~할 수 있는; 능력 있는, 유능한 02 (목록상의 개개) 항목; 물품[품목] 03 ~하는 경향이 있다, ~하기 쉽다 04 파도, 물결; (손을) 흔들다; 흔들리다; 흔들다 05 (열·냄새·빛 등을) 내다[풍기다/발하다] 06 (문제 등을) 풀다, 해결하다 07 배달하다; (연설·강연 등을) 하다 08 돌다, 회전하다; 돌리다 09 허락하다, 용납하다 10 탓하다, 비난하다; 비난 11 (모르던 것·사람을) 소개하다 12 운동; 연습; 훈련; 운동하다 13 인기 있는; 대중적인 14 겸손한; 보잘것없는, 초라한 15 본모습; 자아 16 반복하다, 되풀이하다 17 어쨌든, 그래도; 그건 그렇고, 그런데 18 설명하다; 해명하다 19 (공간·시간상) 떨어져; 따로 20 ~의 너머에; ~을 지나서 21 똑바로; 곧장; 곧은, 일직선의 22 도착하다, 도달하다; (손·팔 등이) 닿다 23 북쪽의, 북쪽에 있는 24 ~에서 나가다 25 ~의 중앙에; ~의 도중에 26 coast 27 advise 28 code 29 stage 30 vote 31 harmony 32 greet 33 missing 34 extra 35 successful 36 suddenly 37 stamp 38 ladder 39 social 40 importance 41 appear 42 abroad 43 usual 44 gentle 45 mistake 46 anymore 47 difficulty 48 difference 49 distance 50 upon

DAY 25

01 가벼운[순한]; (날씨가) 포근한 02 끔찍한, 형편없는; 심한 03 가장 작은[적은]; 가장 덜[적게] 04 아무[하나]도 ~않다[없다] 05 서로[각기] 다르다, 달라지다 06 규칙적인, 정기적인; 보통의 07 꽉 끼는; 단단히 맨; 단단히, 꽉 08 무늬; (사고·행동 등의) 양식, 패턴 09 안내인[가이드]; 안내서; 안내하다 10 수준, 단계; 높이, 고도 11 경쟁; 대회, 시합 12 (말·글로) 언급[거론]하다 13 귀가 먼 14 보통의, 평소의 15 부드러운, 온화한 16 계속[여전히] ~이다; 남다; 남은 것; 유물 17 침묵하는; 조용한 18 ~하는 동안; ~인 데 반하여; 잠깐, 잠시 19 놀랍게도; 의외로 20 하인; (조직 등의) 고용인 21 아직도, 여전히; 가만히 있는 22 바퀴; (자동차의) 운전대 23 간청[애원]하다; 구걸하다 24 선택(하는 행동); 선택권 25 반복해서 26 gather 27 victory 28 nature 29 soil 30 expression 31 accident 32 goods 33 factory 34 peaceful 35 disease 36 machine 37 bump 38 danger 39 disappear 40 forever 41 continue 42 slave 43 exist 44 sink 45 mud 46 fake 47 unfair 48 waste 49 solution 50 action

DAY 26

01 원인; ~을 초래하다 02 접촉; 연락; 연락하다 03 (계속적인) 아픔, 쑤심; 아프다, 쑤시다 04 홍수; 물에 잠기게 하다 05 파괴하다 06 (정밀) 기구, 도구; 악기 07 수리[수선]하다; 수리, 수선 08 종류, 유형; (문서의) 서식; 형성되다; 형성하다 09 결국 (어떤 처지에) 처하게 되다 10 인기 있는; 대중적인 11 설명하다; 해명하다 12 똑바로; 곧장; 곧은, 일직선의 13 도착하다, 도달하다; (손·팔 등이) 닿다 14 문장; 형, 형벌; (형을) 선고하다 15 사막; (사람·장소 등을) 버리다, 떠나다 16 시험; 조사[검토]; 검사[검진] 17 맛, 미각; 맛이 나다; 맛보다; 기호, 취향 18 주인; 달인, 대가; 숙달하다, 완전히 익히다 19 걸다, 매달다; 걸려 있다; 교수형에 처하다 20 마음, 정신; 언짢아 하다, 상관하다 21 직접적인; 지휘[총괄]하다; (길을) 안내하다, 가리키다 22 자연의, 천연의; 타고난, 당연한 23 맞는, 정확한; (도덕상) 옳은, 올바른; 오른쪽의; 오른쪽; 권리 24 재검토(하다); 논평[비평](하다); 복습(하다) 25 서다; 참다, 견디다; 가판대, 좌판 26 parade 27 customer 28 safely 29 balance 30 failure 31 crowded 32 simple 33 fashionable 34 visitor 35 global 36 pollution 37 prepare 38 valley 39 alarm 40 abroad 41 usual 42 anymore 43 difficulty 44 distance 45 plant 46 race 47 capital 48 branch 49 grade 50 chance

DAY 27

01 자전거를 타다; 순환 02 연결하다; 접속하다; 관련시키다 03 성공하다, 해내다; 시간 맞춰 가다 04 연락을 주고받다, 의사소통을 하다 05 돌아오다[가다]; 돌려주다, 반납하다; 돌아옴[감] 06 행동하다, 처신하다 07 심각한; 진지한 08 배고픔; 굶주림; 열망 09 ~에 익숙해지다 10 완벽한, 완전한; 완료하다; 완성하다 11 (둘 중) 어느 한 쪽; ~도 또한 (… 않다) 12 포함하다; 포함시키다 13 궁금하다; 놀라다; 놀라움, 경탄 14 폭발하다[터지다]; (경보기 등이) 울리다 15 구하다; (돈을) 모으다, 저축하다 16 평평한; 바람이 빠진, 펑크가 난 17 (닿지 못하고) 빗나가다; (기회·탈것 등을) 놓치다; 그리워하다 18 수리하다[고치다]; 고정시키다; 정하다 19 (밟아서 생긴) 길; 지나간 자국, 흔적; 추적하다[뒤쫓다] 20 수치; 숫자; (언급된 유형의) 인물 21 성격, 성질, 특징; 등장인물 22 순서; 명령하다; 주문하다 23 현재의; 참석[출석]한; 선물; 주다, 수여[증정]하다 24 표지판, 징후, 조짐; 서명하다 25 잘, 훌륭하게, 충분히, 완전히; 건강한; 우물 26 decision 27 especially 28 jealous 29 advice 30 magnet 31 foreigner 32 elderly 33 challenge 34 celebrate 35 step 36 freedom 37 smelly 38 various 39 narrow 40 fabric 41 slave 42 unfair 43 capital 44 chance 45 succeed 46 tear 47 match 48 uniform 49 field 50 be, about, to

DAY 28

01 의견[견해/생각] 02 더미, 쌓아 놓은 것 03 금빛의, 황금색의 04 굉장한, 아주 멋진 05 펴다; (팔 등을) 벌리다; 퍼지다; 퍼뜨리다 06 받아들이다, 수락하다 07 발명품; 발명 08 침묵하는; 조용한 09 존재하다 10 가짜의; 모조[위조]품 11 시험; 조사[검토]; 검사[검진] 12 직접적인; 지휘[총괄]하다; (길을) 안내하다, 가리키다 13 가능성; 기회; 우연 14 성공하다; 계승하다 15 언제든지 16 (사람·사진 등의) 배경; (일의) 배경; 배후 사정 17 ~의 옆에 18 낮, 주간 19 발자국 20 지하의; 지하에 21 평일 22 야외의; 야외에서 23 언젠가, 언제 24 위층에[으로]; 위층의 25 위통, 복통 26 owner 27 freeze 28 trouble 29 tough 30 through 31 comfortable 32 mistake 33 difference 34 danger 35 waste 36 plant 37 uniform 38 artwork 39 downtown 40 headache 41 indoor 42 lifetime 43 moonlight 44 restroom 45 schoolyard 46 housework 47 sunlight 48 toothache 49 spaceship 50 mealtime

DAY 29

01 서로[각기] 다르다; 달라지다 02 규칙적인, 정기적인; 보통의 03 무늬; (사고·행동 등의) 양식, 패턴 04 건축가 05 관; (치약 등의) 통[튜브] 06 문장; 형, 형벌; (형을) 선고하다 07 사막; (사람·장소 등을) 버리다, 떠나다 08 걸다, 매달다; 걸려 있다; 교수형에 처하다 09 자연의, 천연의; 타고난; 당연한 10 재검토(하다); 논평[비평](하다); 복습(하다) 11 평평한; 바람이 빠진, 펑크가 난 12 (밟아서 생긴) 길; 지나간 자국, 흔적; 추적하다[뒤쫓다] 13 수치; 숫자; (언급된 유형의) 인물 14 순서; 명령하다; 주문하다 15 현재의; 참석[출석]한; 선물; 주다, 수여[증정]하다 16 끈적거리는, 달라붙는 17 걱정하는, 걱정스러워하는 18 (음식을) 씹다 19 잊다; 잊어버리다 20 소용없는, 쓸모 없는 21 쏟아지다; 쏟다, 흘리다 22 궁금한; 호기심이 많은 23 (불에) 타다; 태우다 24 비록 ~일지라도 25 맨 아래; 맨 아래의 26 thought 27 presentation 28 pace 29 uniform 30 succeed 31 field 32 step 33 downtown 34 stomachache 35 housework 36 spaceship 37 steal 38 museum 39 wisely 40 breath 41 someday 42 favorite 43 however 44 brick 45 envelope 46 remember 47 curiosity 48 certainly 49 helpful 50 kindness

DAY 30

01 일반[보편/전반]적인 02 정돈된, 깔끔한 03 접다; (손·팔 등을) 끼다 04 법정, 법원; (테니스 등의) 코트 05 단 하나의, 1인용의 06 한 번; (과거) 언젠가[한때] 07 ~을 이루다[형성하다]; 지어내다 08 겸손한; 보잘것없는, 초라한 09 반복하다, 되풀이하다 10 끈적거리는, 달라붙는 11 훔치다 12 그러나, 그렇지만 13 봉투 14 호기심 15 거의 16 두려워하는; 걱정하는 17 거의 ~않다, 도저히 ~할 수 없다 18 매운, 양념 맛이 강한 19 구내식당, 카페테리아 20 미끄러지다; 미끄럼틀 21 괴롭히다, 귀찮게 하다 22 땀; 땀을 흘리다 23 (구멍 등을) 파다 24 무서워하는, 겁먹은 25 아마, 어쩌면 26 humor 27 area 28 plenty 29 through 30 comfortable 31 possibility 32 birth 33 forgive 34 headache 35 weekday 36 breath 37 certainly 38 truth 39 asleep 40 feather 41 salty 42 habit 43 regularly 44 scold 45 usually 46 dirt 47 death 48 bored 49 castle 50 impossible

Vocabulary LIVE는

초·중등 영어 학습자들을 위한 7단계 어휘 교재로, 총 4,500여 개의 기본 어휘가 수록되어 있습니다.

Basic

초1~초4
30일 420개 표제어 /
총 840개 표제어

Intermediate

초4~예비중
30일 592개 표제어 /
총 1,184개 표제어

Advanced
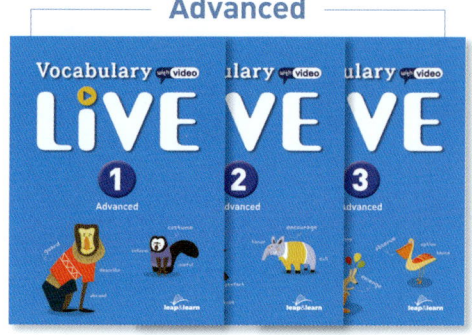
중1~중2 / 중2~중3 / 중3~예비고
30일 708개 표제어 (1~2권) /
40일 908개 표제어 (3권) / 총 2,324개 표제어

Vocabulary LIVE의 특장점

1 어휘 암기의 효과를 높이는 학습 동영상 제공

2 무료 온라인 어휘 암기용 프로그램 제공

3 선생님들을 위한 편리한 온라인 어휘 테스트 메이커 제공(홈페이지)

4 개별 어휘를 의미 단위로 연결시켜 통째로 암기하는 덩어리 표현 수록

5 일일 테스트와 누적 테스트를 통한 체계적인 반복 학습

Downloadable Resources 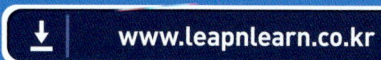 www.leapnlearn.co.kr

WORKBOOK